JN088193

わたしから
はじまる

心理的安全性

リーダーでもメンバーでもできる

「働きやすさ」をつくる方法

70

塩見 康史
なかむら アサミ

SE
SHOEISHA

はじめに

■ 心理的安全性をつくるのは上司だけの仕事?

「心理的安全性のあるチームをつくるために、部下のわたしができることはあるでしょうか?」

セミナーで受講者の方からこの質問を受けたとき、ハッとしました。確かに上司だけでなく、チームの一員として部下にもできることややるべきことがある、心理的安全性のあるチームになるにはお互いの行動が必要だ、と気づかされたのです。

そこから、日々の行動を分解し、1つひとつのTipsにしていく作業をはじめました。

心理的安全性に関連する書籍は数多く出版されていますが、上司や管理職に向けられたものがメインです。その中でこの本は、上司だけでなく部下の立場でもできることを書いています。先ほども述べたとおり、心理的安全性は、上司と部下の双方向でつくっていくものだからです。

■ 多様性のある時代だからこそ「あんぜんチーム」が必要

この本では、心理的安全性が高い職場・チームのことを「あんぜんチーム」と呼ぶことにします。

「職場」とは、いろんな世代が集まる組織でもあります。主に20代〜60代のケースが多いと思いますが、もっと幅広いこともあるでしょう。外部環境の変化が激しく、世代を超えて同じ経験や価値観を共有することは相当難しくなってきています。そうした中で「チーム」となり成果を出すこと、自分たちの目指すものを実現するために一番必要なことが、言いにくいことを言い合える心理的安全性のある関係性、あんぜん

チームをつくることです。

　コロナ禍を経て、わたしたちの働く環境は大きく変化しました。世代がバラバラなチームで、どのようにあんぜんチームをつくるのか。1人ひとり働く環境や価値観が異なる中で、多様性を重視しながらどのようにあんぜんチームをつくるのか。難易度が高いことはわかっていながらも、その必要性を感じる人が多いからこそ、心理的安全性という言葉が浸透してきたのでしょう。

■　2社の知見をギュッと凝縮したTips集

　著者のわたしたちは、自社またはそれぞれの支援組織において「あんぜんチーム」づくりの実践をし、かつそれに関する悩みを数多く聞いてきました。それらの悩みのヒントを示すために、2019年から心理的安全性に関するセミナーも行ってきました。冒頭で述べた「部下のわたしでもできることは？」という質問は、そのセミナーで出た質問の1つでした。

　スコラ・コンサルトは1986年の事業開始以来、風土改革コンサルティングの支援実績が延べ2,000余社にのぼる、日本発の風土改革コンサルティングのパイオニアです。サイボウズは、チームを支援するソフトウェアの開発・販売を主たる業務としつつ、チームワークに関するノウハウを、研修やコンサルティングを通して伝える事業も行っています。このノウハウは、離職率が高かったベンチャー期からの抜本的な風土改革を経て「働きやすい会社」と言われるようになるまでに変化した自分たちの経験から形成されています。

　両社が自社や各支援組織で実践している「心理的安全性の高いチームを作るためのノウハウ」を集めたのがこの本です。

　「あんぜんチーム」をつくり、維持していくための小さなアクションの

Tipsを70個抽出しました。組織のメンバーそれぞれが、こうしたアクションを実践することで、徐々に組織全体の心理的安全性が高まっていきます。また、「小さな」アクションなので無理なく継続ができる、というわけです。

アクションをコツコツと積み重ねることで、あんぜんチームが生まれる

セミナーでは、「『これさえやればOK!』といったものはありますか?」という質問もよくいただきます。あんぜんチームをつくることは、所属しているチームの各メンバーと良好な関係を築き上げることにつながります。

わたしたちも「これさえやればいいんですよ!」と回答したい気持ちはものすごくあります。残念ながら、人間関係の構築において、そうした「魔法」のようなものが存在しないことはみなさんもお気づきの通りだと思います。語学習得や健康維持と同じで、コツコツとした行動の積み重ねが、結局一番早道であることを認めざるを得ません。ただ、行動の積み重ねにより、加速度的に関係性が良好になることはよくあります。この瞬間は少し魔法に近いかもしれません。

あんぜんチームをつくるスキルは魔法!?

上司または部下のどちらか一方だけが頑張るのではなく、同じチームの一員としてお互いに理解し合おうと思う気持ちから「あんぜんチーム」は始まります。

やりがいのある、前向きにチャレンジできる、失敗から学びを議論しさらにチャレンジする組織にするために必要なものが心理的安全性のあ

る関係性——あんぜんチームです。この本を手に取ったあなたの行動
が、その実現につながります。

　本書にあるような小さなアクションを積み重ねることで、良好な関係
性を築くためのあなたなりのノウハウが生まれていきます。そしてそれ
は、あなた自身のスキルとなり、どこにいても、どんな組織でも使える
ポータブルスキルになるとわたしたちは考えています。あなたがいるこ
とでチームの雰囲気がよくなり、生産性が上がるとしたら、それこそ魔
法が使えるようなものです。これこそ、これからの時代の最強のスキル
でしょう。

　上司・部下のいずれの立場であっても、「自分がいるチームをあんぜ
んチームにするために何をすればいいのだろう？」と思っているビジネ
スパーソンにとって、助けになる１冊となることを願います。

2023 年 7 月

なかむら アサミ

塩見 康史

contents

第 1 章 「心理的安全性」が働きやすさをつくる　21

第 2 章 ひとりではじめる 心理的安全性 51

第 **3** 章　リーダーとメンバーで 一緒につくる心理的安全性 〈メンバー編〉 105

第**4**章 リーダーとメンバーで 一緒につくる心理的安全性 リーダー編 141

変化できるリーダーが最強で最高

34 腕や足を組まない

35 会議のときは丸く座る

本書では、心理的安全性をつくるためのさまざまな方法を解説しています。心理的安全性を高めたいあなたのために、本書で掲載しているワークシートのテンプレートを提供いたします。

会員特典データは、次のサイトからダウンロードして入手いただけます。ぜひご活用ください。

https://www.shoeisha.co.jp/book/present/9784798180618

※会員特典データのファイルは圧縮されています。ダウンロードしたファイルをダブルクリックすると、ファイルが解凍され、利用いただけます。

■ 注意

※ 会員特典データのダウンロードには、SHOEISHA iD（翔泳社が運営する無料の会員制度）への会員登録が必要です。詳しくは、Web サイトをご覧ください。

※ 会員特典データに関する権利は著者および株式会社翔泳社が所有しています。許可なく配布したり、Webサイトに転載することはできません。

※ 会員特典データの提供は予告なく終了することがあります。あらかじめご了承ください。

■ 免責事項

※ 会員特典データの提供にあたっては正確な記述につとめましたが、著者や出版社などのいずれも、その内容に対してなんらかの保証をするものではなく、内容やサンプルに基づくいかなる運用結果に関してもいっさいの責任を負いません。

※ 会員特典データに記載されている会社名、製品名はそれぞれ各社の商標および登録商標です。

本書の使い方

　最初から通して読んでも良いですし、ページをパラパラとめくって、気になる項目を見つけたら、そこから読むというスタイルでも構いません。ご自身にあったスタイルで、本書を読み進めてみてください。

本書の構成

第 1 章
心理的安全性の概要と、そもそも心理的安全性を考える前に必要な知識について書いています。いわゆる、お勉強パートです。

第 2 章
これ以降は、あんぜんチームをつくるための具体的な実践を解説していきます。まずは、リーダー(上司)／メンバー(部下) 関係なく、1人の人間としてあんぜんチームをつくるためにできることをまとめました。

第 3 章
メンバー側の立場で、あんぜんチームをつくるためにできることをまとめました。下部の吹き出しには、リーダー視点のコメントを書きました。こちらも読んでみて、相互理解のために活用してください。

第 4 章
リーダー側の立場で実践できることをまとめました。第3章とは反対に、下部の吹き出しには、メンバー視点でのリーダーへの要望や本音が呟かれています。ぜひ、Tipsをどのように業務に取り入れるかの参考にしてください。

第 5 章
再び立場にかかわらずに、あんぜんチーム、さらには働きやすい環境、組織をつくるためのTipsをまとめました。少し難易度の高いものもありますが、あんぜんチームの土台ができているなら、大丈夫です。ぜひチャレンジしてみてください！

❶ 各 Tips の難易度を示しています。

**❷ 第 2 章では頻度、第 3 章と第 4 章では重要度、
第 5 章ではインパクトの度合いを示しています。**

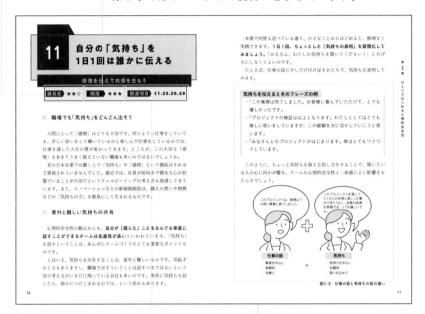

**❸ 関連項目を掲載しました。
ぜひあわせて実践してみてください。**

**❹ より実践しやすいように、
具体例やイラストを交えて
解説しています。**

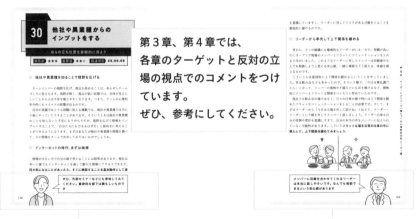

第 3 章、第 4 章では、
各章のターゲットと反対の立
場の視点でのコメントをつけ
ています。
ぜひ、参考にしてください。

**メンバー向けの第 3 章は
上司のコメント付き！**

**リーダー向けの第 4 章は
部下のコメント付き！**

■ 一歩踏み出すための心構え

　本書では、今すぐにできることを中心にTipsを集めています。しかし、「では、この本を参考に今すぐやってみてください」と言われても、困るという方もいるでしょう。誰もやっていないことをはじめるには、勇気がいるものです。

　ぜひ、次の点を心に留めながら、本書を読み進めてみてください。そして、何を実践すべきか迷ったときには、このページを読み返してみてください。

リーダーの方へ

・自分が部下だったときのことを思い出して、上司である今の自分自身を客観的に振り返りましょう
・第2章に書かれている「基本」を、つねに忘れないようにしましょう
・部下の心理をよく観察、理解して、部下の気持ちが動くように、自分なりに工夫して実践しましょう
・無理せず、今のチームや職場で最も効果が高そうなもの、フィットしそうなものを選んで実践しましょう

メンバーの方へ

・まずは、自分が興味を持った「小さな一歩」を踏み出すことにトライしましょう
・「難しいな」と感じる項目はすぐに実践しなくても大丈夫です。できそうなことからはじめてみましょう
・一緒にあんぜんチームづくりに取り組んでくれる仲間をつくりましょう。仲間ができると、行動が起こしやすくなります
・時には、上司の気持ちや立場を理解しようとつとめてみましょう

　あんぜんチームをつくるために、本書をたくさん使ってもらえたらとても嬉しいです。

not Anzen team

まずは、
「心理的安全性」の
基本を押さえましょう！

第 1 章

「心理的安全性」が働きやすさをつくる

そもそも心理的安全性とは何か?

■ 注目される心理的安全性

　心理的安全性という考え方が注目されています。心理的安全性が高いチームでは、チームの収益性が高まることがわかっています。また、メンバーが安心して働くことができるため、コミュニケーションが活性化し、メンバー同士の信頼関係が深まります。「よい仲間と働いている」という安心感や充実感を得られます。さらに、仕事やチームに対するエンゲージメントが高まり、チームとして高い成果を創出することができます。ハラスメントや不祥事が減り、離職率が下がるなどの効果があるともいわれています。このように、チームの状態やパフォーマンスを高めていくための最も重要な土台が心理的安全性なのです。

　心理的安全性は、Googleのプロジェクト・アリストテレスというチームの研究によって世界的に有名になりました。Googleはチームを効果的に機能させ収益性を高めるためには、心理的安全性が極めて重要であると結論付けています。

　チームとして収益性を高めるためのカギが科学的に明らかになったということ、そしてそれが意外にも心理的なものであったことなどから大きな話題となりました（Googleによると、働く場所、仕事量、経験、個人の成果などは、チームのパフォーマンスにそれほど影響がなかったとのことです）。

　心理的安全性を高めるために、日本においても多くの企業がさまざまな取り組みを行っています。

心理的安全性とは何か？

　心理的安全性が高いチームとは、「メンバーが、お互いに何でも率直に言い合え、安心して前向きに挑戦できるチーム」です。

　Googleは、もう少し学術的な言い方で、「チームメンバーがリスクを取ることを安全だと感じ、お互いに対して弱い部分もさらけ出すことができる」と、表現しています。リスクという単語がキーワードです。職場の対人関係は、リスクだらけだと感じている人も多いのではないでしょうか。

　「わたしがここで意見を言うと、でしゃばっていると思われるのでは」「こんな意見を言ったら、周りからバカにされるかも」「助けがほしいけれど、仕事ができない人と思われるのではないか」なんて、思ったことはありませんか。

　心理的安全性が高いチームでは、このようなリスクに対する恐れを感じずに、何でも率直に言え、のびのびと行動することができるのです。

　イメージとしては、心の中で思ったことをチームのリーダーやメンバーに対して何でもそのまま口に出せるという感覚です。「これは言わないでおこう」とか「言うとわたしが怒られるかも」というような恐れを感じないで発言できる状態です。仲のよい親友や、一体感のある部活のチームに対して、そのような心理的安全性を体験したことがある人もいるのではないでしょうか。

意外と難しい心理的安全性が高い職場・チームづくり

　心理的安全性の高い職場・チームは、確かに理想的です。しかし、企業研修などで現場のマネージャーのみなさんと話していると、心理的安全性が高いチームをつくることはそれほど簡単なことではないと実感します。よくあるのが、マネージャーが1人で頑張ってしまうケースです。

　リスクに対する防衛の反応は、人間の本能的な恐れの感覚に根ざしているので、非常に根深いものがあります。上司が「心理的安全性の高い職場にしよう」と言ったくらいで、恐れが弱まることは残念ながらありません。

　このように、頑張っているのだけれどなかなかうまくいかず、歯がゆい思いをしている方も多いのではないでしょうか。

小さなことからコツコツと、「あんぜんチーム」をつくる

　本書では、心理的安全性が高い職場・チームのことを「あんぜんチーム」と呼ぶことにします。ぜひ、みなさんもあんぜんチームを目指して本書を活用してください。

　さて、あんぜんチームをつくるためには、実際にどのようなアプローチが効果的なのでしょうか。ポイントは、2つあります。

①マネージャーだけが頑張るのではなく、1人ひとりができることからはじめる

　あんぜんチームをつくるためには、上位職の人がそこにコミットすることはもちろん必要です。しかし、人間関係は相互作用で成り立つものですから、どちらか一方の努力だけで変えることはなかなか難しいのです。職場・チームのメンバーの1人ひとりがあんぜんチームづくりに参加するような状況をつくることが効果的です。

②一気に変えようとするのではなく、小さなことをコツコツと積み上げる

　わたしが日々接しているマネージャーの方々を見ると、あんぜんチー

ムづくりに関して、やや性急な印象を受けます。「飲み会をするので、そこで打ち解けられたら……」「1on1でしっかりと相手と話し込むことができさえすれば……」など、あんぜんチームづくりを一気に進めたいという気持ちが強いようです。

この気持ちは痛いほどわかるのですが、**あんぜんチームづくりに本当に必要なのは、小さなことをコツコツと積み上げるというスタンスです。**

たとえば、飲み会でチームみんなで腹を割って話し合い、何でも話し合えるようなよい雰囲気が醸成されたと思っても、翌日出勤するとこれまで通りの雰囲気や仕事のしかたになるのであれば、昨日のよい関係もじきにもとに戻ってしまいます。

■ アクションを「続けていくこと」が一番大事！

大切なことは継続です。そして継続が可能になるためには、「小さな変化」をたくさん積み上げていくことがポイントです。大きな変化を起こすのは労力がかかるので、そのうちに疲弊してしまい、継続が難しくなります。

組織メンバーがみんなでこうした「小さなアクション」を実践することで、自然と組織全体の心理的安全性が高まっていきます。また、「小さなアクション」なので無理なく継続ができるのです。第2章以降では、そのノウハウを紹介していきますが、その前に心理的安全性について、もう少し、詳しく見ていきましょう。

心理的安全性があるチームとは どんなチームか?

あなたのチームはどこに当てはまるか?

「心理的安全性」と聞くとその言葉の持つイメージから、わたしたちは「安心して何でも話せる状態」を想像します。これは正しいイメージです。ただ「安心して何でも話せる＝仲良し」と捉えるのは少し安易すぎると言えます。

チームは、1人ではできない大きな目標を達成するために結成される集団です。チームが成果を出すための「心理的安全性」とは、**目標を達成するために、時には言いにくいことも言える関係性**のことです。

チームには「仕事を進める」ことと、そのための「安心し信頼し合える関係性」が求められます。

●図1-1　チームの4分類

26

　心理的安全性の高い、本書で言うところのあんぜんチームとは、図1-1の右上の状態を示します。業務に必要なコミュニケーションだけを行い、淡々と業務を進めていく「冷たい効率チーム（図1-1左上）」では、メンバーは疲れてしまい、時には脱落者が出てチームが機能不全になることもあります。一方で、関係性だけが高くて仕事が効率的に進まない「仲良しぬるま湯チーム（図1-1右下）」でも、よいチームにはなりません。

同質的で安定志向は心理的安全性とは真逆

　組織で起こりがちな「周りに合わせる」「空気を読む」「違うことは問題だと思う」「衝突を避ける」といったことは、心理的安全性のあるチームでは起こりません。むしろ逆です。

　各自の意見が違うことは当たり前で、衝突やゆらぎはいつでも起こり得るもの、**周りを見たうえでの空気を読んだ発言ではなく、目標に向かっての思考と発言が求められる状態**があんぜんチームが持つ志向です。衝突とは喧嘩ではなく意見の違いです。ゆらぎとは違う意見と出会うことで生じる自分の価値観の問い直しです。正誤の議論をするのではなく、「各自の意見や見解が違うことを認め、目標に向かって何が最適かを議論することが新たな価値を生み出すのだ」と、考えをシフトすることが必要です。

　生産性の高いチームとは「コストが低く」かつ「新たな価値を創出する」チームです。「仲良くなる」はそれを実現するための1歩目です。なお、心理的安全性と生産性の関係については31ページで解説します。

　そこから「言いにくいことを言い合える」関係性に発展させるために何をしていくか本書を通して学び、実行していきましょう。

心理的安全性は21世紀最強の ソフトスキルである

1人から「よい」ムードはつくれる

わたしからはじまる心理的安全性

「あんぜんチーム」をつくるためには、1人ひとりが小さなことをコツコツと積み重ねていくことが大切だと述べました。つまり**心理的安全性を高めることは、本書の通り「わたし1人からはじめること」ができる**ということです。

職場から恐れをなくしていくという大きなことを「本当にわたしからはじめられるのだろうか?」と不安になるかもしれません。しかし、小さなアクションも続けていくと、効果が少しずつ積み上がっていきます。そして、その効果はまずあなた自身に返ってきます。自然と自分の周りの人間関係がよくなっていき、働きやすくなります。また仕事でよい成果が出るようになり、達成感や充実感が得られるようになるでしょう。上司や部下、同僚と一緒に小さなアクションに取り込むことができると、より効果的です。

心理的安全性は、21世紀のビジネスパーソン必携のスキル

わたしは**「あんぜんチーム」をつくるためのスキルは、21世紀のビジネスパーソンが必ず身につけておくべき必須のスキル**になると思っています。これからのわたしたちの働き方は大きく変わっていきます。これまでのように、ずっと同じ会社で、その会社の中だけの人間関係に囲まれて働く人は少なくなります。代わりに、さまざまな会社や組織に、プロジェクト型のチームに柔軟に参加しては、また別のチームに移っていくようなフラットで柔軟な働き方が増えてきます。

　そうなると、ある特定の会社や組織の作法やしきたり、人間関係に習熟するというよりは、どんどん新しいチームに参加し、すぐに他のメンバーとよい関係性を自ら構築し、チームに貢献するというスタイルが求められます。

　また、これからの時代は複業がますます当たり前になり、働くフィールドもビジネス領域だけではなく、地域や趣味、社会活動など、多種多様なコミュニティに同時に参加する人が増えるでしょう。それぞれの場において重要なのは、心理的安全性を自ら高めることができるスキルです。

■ ソフトスキルが注目されている

　心理的安全性を高めるスキルは、最近注目されているソフトスキルに近いかもしれません。**ソフトスキルとは、曖昧で見えにくく、測定することが難しいスキルのこと**です。コミュニケーション能力やリーダーシップ、EQ（感情のマネジメント）などがこれに当たります。対して、語学、プログラミング、エンジニアリングなどの習得するべき項目が明確で、**習得レベルが測定できるものをハードスキルと言います**。ソフトスキルとハードスキルはまったく異なるものです。

ソフトスキルが注目されているのは、ソフトスキルの土台がないと、ハードスキルが機能しないことがわかってきたからです。たとえば、同じような語学力を持っていても、1人は周囲と軋轢ばかり、仕事の成果もさっぱりであるのに対して、もう1人は、うまくチームの一員としてなじんでいて、自身の仕事の成果も高いばかりか、周囲のパフォーマンスを高めることにも貢献しているというような事例はよく見かけると思います。その違いは、TOEICで測れるような語学力そのものではなく、コミュニケーション能力のような見えにくいソフトスキルにあるのです。そして、このようなソフトスキルの重要性は、今後ますます高まっていきます。

■ あなたのキャリアを支えてくれる心理的安全性のスキル

　心理的安全性を高めるスキルは、あなたの仕事と人生の成功を支えてくれるポータブルスキルです。あなたがどんな場所にいても、どこの会社に転職してもすぐに役立つものです。

　したがってあなたが今いる場所で、この21世紀最強のスキルをよくみがいておくことが望ましいのです。結果として、今の会社で長く働く場合でも、自分の働く職場が心理的安全性の高い職場になることは大きなメリットがあります。また違う場所で働くことになった時も、あなたが思い描くキャリアの実現を力強く支えてくれるでしょう。

ハードスキル

プログラミングスキルや
語学力など

ソフトスキル

コミュニケーション能力や
リーダーシップなど

●図1-2　ハードスキルとソフトスキルのちがい

あんぜんチームは生産性が高い

心理的安全性と生産性の関係の謎

よい組織風土と好業績の見えない因果関係

わたしは長年、企業の組織風土改革の支援をしてきました。その経験から言うと、組織風土がよくなると、連動して事業の業績もよくなることが多いのです。しかし、その因果関係をロジックで表すことは非常に困難でした。人の感情や気持ちが業績向上にまでつながっていくプロセスはとても複雑です。

しかし、Googleの研究によって、ある程度、科学的知見からの裏付けが得られたのではないかと考えています。心理的安全性と収益性の関係について、生産性という切り口から、もう少し考えていきましょう。

心理的安全性を後回しにしないために

多くの企業で心理的安全性が大切だと口では言いながら、実際のところは日々の仕事に追われ、取り組みが後回しになっているという現実があります。

「心理的安全性は大事だと思うけれど、そうは言ってもまずは売上を上げなければ」「時間があったら取り組みたいのだけど、時間がない」というような声をよく耳にします。

心理的安全性が高まると生産性が上がるといわれているのに、日々の売上に忙殺され、「あんぜんチーム」づくりの時間がない、というのはなんだか不思議な感じがします。

実際に、最近はどこの職場も人数が不足していて、誰もがみな忙しく

働いています。しかし、だからこそ小さなアクションを積み重ねていくアプローチが有効です。少し遠回りのように思えるかもしれません。でも、こうした**心理的安全性を高める取り組みの積み重ねが、生産性の向上というかたちで自分たちに返ってくる**のです。

■ 生産性の2つの要素「コスト」「価値」

生産性は、簡単にいうと次の式で表すことができます。

生産性の式

生産性 ＝ 生み出した価値 ÷ 投入したコスト

新たに生み出した価値を、それを生み出すために投入したコストで割ります。少ないコストで、より多くの価値を生み出せば、生産性が高いということです。

心理的安全性という要素は、チームの生産性に大きな影響を与えます。それは、心理的安全性が高いチームは、仕事を進める上での「①コストを低くする」ことと、仕事の成果として「②高い価値を生み出す」ことの、2つを同時に実現できるからなのです。

「①低いコスト」では、人の動きやお金の使い方が効率的に行われます。また、「②高い価値を生み出す」では、イノベーションを通してこれまでにないような新しい価値を生み出します。つまり、心理的安全性は生産性の式における「価値」「コスト」という2つの要素の両方に効いてくるのです。

あんぜんチームは、ムダなコストが少ない

隠れたムダはコストという大問題

■ 組織にはムダな保険仕事があふれている

ムダな仕事をやりたいと思っている人はいません。それでも、組織からムダな仕事がなくなることはありません。そして、ムダな仕事の代表格に「保険仕事」があります。

保険仕事の例

- 必要ないとわかっていても、万が一上司から何か聞かれた時のために資料をたくさんつくる
- 会議で企画を承認してもらうために、事前にたくさん根回しをしてから会議を行う

保険仕事が生まれてしまう根っこには「恐れ」があります。「会議で役員から突っ込まれたらどうするんだ」とか「根回ししないで、誰かが反対したら、せっかくの企画が水の泡だ」なんて、思ったことはないでしょうか。

心理的安全性が高い組織では、そのような恐れはありません。「この書類ってやっぱりムダですよね」というような率直な意見を言い合うことができます。また、チームメンバーは「誰かから反対されたら、その場で前向きで健全な議論を戦わせればよい」というスタンスで会議に参加することを恐れません。「反対する人も何らかのよい視点を持っているはずだから、議論することでよりよいものが生み出せるかもしれない」という期待すら感じているかもしれません。

■ コミュニケーション・ロスという見えない問題

　心理的安全性が低い組織では、膨大なコミュニケーション・ロスが発生します。

コミュニケーション・ロスの例
　・上司の言ってることがよくわからないけれど、聞き返せないので、わかりましたと答えてしまった
　・本当は仕事がうまくいってないけれども、言い出せないので、表向きはうまくいっていると報告しよう

　コミュニケーション・ロスは多くの場合、無自覚に発生しています。その結果、仕事を最後まで進めてから、ボタンの掛け違いがあったことに気づきます。または取り返しがつかないところまで事態が悪化してから問題が顕在化する等、大きなロスが生じます。心理的安全性が高い組織は、**違和感や問題を感じた時、すぐにそれを口に出し、相談することができます**。この違いはとても大きいのです。

■ 離職率低下にも、心理的安全性が効く

　また、**心理的安全性が高い組織は、離職率が低い傾向がある**ことがわかっています。社員の離職は、現在では必ずしもネガティブなことではありませんが、本来不必要な離職が増えてくると、それはそれで大きなロスとなります。
　心理的安全性が低い組織では、「優秀な人材から辞めていく→人材を採用する→組織風土が悪くチームになじめない→仕事がうまくまわらない→問題が多発する→ますます風土が悪くなる→人材が辞める」という負のサイクルがまわっています。

あんぜんチームは、新しい価値を生み出す

恐れなしにぶつかることからイノベーションが生まれる

イノベーションは異質なアイデアのぶつかり合いから生まれる

　新しい価値はイノベーションから生まれます。どの業界においても、イノベーションは現在のビジネスの最重要課題です。しかし、イノベーションはあらかじめ計画立てて起こすような性質のものではありません。むしろ、まったく予期しないところから生まれることがほとんどです。したがってイノベーションにおいて大切なことは、イノベーションが起こりやすいような組織・チームの状態をセットすることなのです。

　イノベーションについてわかっていることは、**イノベーションは異質なアイデアのぶつかり合いから生まれる**ということです。歴史を振り返って見ても、文明が花開いた地域は必ずと言っていいほど異文化が出会う土地でした。

　組織においても、メンバーが情報を発信し合い、アイデアを交換し、ぶつかり合うことで、そこから新しい価値が生まれます。そのために不可欠なのが、恐れなくぶつかり合える環境、つまり心理的安全性です。逆に心理的安全性が低い組織では、メンバーはリスクを過剰に恐れ、情報に耳をふさぎ、互いにぶつかることを避けてしまうのです。

多様なメンバーがありのままに認められることが大切

　「あんぜんチーム」では、メンバー1人ひとりの個性がありのままに認められます。通常、わたしたちは職場において、個性を隠して、何重にも仮面をつけ仕事をしています。ありのままの自分をさらけ出してしまうと、他人からレッテルを貼られたり、弱みにつけこまれたりするの

ではと恐れるからです。

　しかし、イノベーションはメンバー1人ひとりが、自分らしさを出すところからスタートします。自分が大切にしている価値観や世界観、自分のアンテナに引っかかった違和感や問題意識。イノベーションには、そういう自分自身の深い源泉から湧き上がるエネルギーが必要なのです。**心理的安全性が高い職場では、メンバーが自然と自分を開示し合うことができます。**

　次にメンバー1人ひとりの想いやアイデアがぶつかり合い、火花が飛ぶような対話が行われます。そして熱量の高い話し合いの中から、突如として新しいアイデアが生まれます。

　メンバー1人ひとりの源泉から出てくる考えは、それぞれがユニークであり、互いに違っているからこそ、それが新価値創造の材料になります。日本人は同質性が高いと言われ、確かに多くの人が同じ文化を共有している度合いは高いのですが、1人ひとりの個性を掘っていくと、実に多様であり、その多様性が組織の財産であることがわかります。

■ 「チャレンジと学びのサイクル」を高速でまわす

　心理的安全性の高さがイノベーションを促進するもう1つの理由は、それが「チャレンジと学びのサイクル」を高速でまわすからです。熱量の高い対話から何か新しいアイデアが生まれても、残念ながらそれがすぐに新しい価値、新しい事業に結びつくかというと、実際はそれほど簡単ではありません。最初はよさそうに思えたアイデアでも、実際に試してみるとその多くはうまくいかないものです。必要なことは、たくさんのアイデアを生み出し、たくさん試して失敗し、数少ないうまくいくものを見つけることです。つまり、「試行錯誤サイクルの高速回転」が必要なのです。

　失敗を恐れるマインドでは、このサイクルはまわりません。失敗を隠す、そもそも失敗する可能性のあることをしない、という姿勢になるからです。**「あんぜんチーム」では、失敗を恐れずに、どんどん試行錯誤サイクルをまわし、そこから得た学びをよいことも、一見悪いことも、チームで共有します。**その試行錯誤と学びの速さによって、「1000に3

つ」といわれる本当のイノベーションの芽を見つけ、育てていくことができるのです。

■ 心理的安全性で仕事を「面白く」する

このように、心理的安全性が高いチームでは、コミュニケーションが活性化し、チームが創造的な能力を発揮できるようになり、イノベーションが促進されます。

世の中の多くの会社が「イノベーションを実現しよう」という方針を掲げています。しかし、実際には土台としての心理的安全性がないために、「よいアイデアを持っていても誰も言わない」「相手の考えに対して別の意見があるけれども、それをぶつけないため議論できない」「失敗を恐れてトライしない」「安全のために挑戦の目標を下げる」などの現象が起きています。そうなると、創造的な仕事にみんなでチャレンジをするせっかくの機会をつぶしてしまうことになります。会社も社員も不幸だと言えるでしょう。

創造的な仕事は、それに携わる人をワクワクさせ、仕事のやりがいや働きがいを生み出す源泉となります。心理的安全性の土台をつくり、みんなで仕事を「面白く」していきたいものですね。

あんぜんチームを
つくるために必要なこと

「集団」と「チーム」の違いはどこにある？

　ここまで、あんぜんチームになるメリットを伝えてきましたが、ここで「チーム」について改めて整理しておきましょう。なぜなら、心理的安全性を求める以前に、そもそも現在所属している集団が、「チーム」になっていないケースが多いからです。

　チームワークというと「精神論」が前面に出やすいですが、実はそれは単なるイメージです。改めてチームの定義を理解し、心理的安全性を考える前に、まずは自分たちを「チーム」にすることが必要です。

■ グループとチームの違い

　普段の会話ではあまり違いを意識せずに使っていますが、「グループ」と「チーム」はまったく違う集団です。グループは「単なる集団」で、チームは「理想を実現するための集団」です。理想を「目標」や「ゴール」といった類似した言葉と置き換えても大丈夫です。たとえば、ある電車で同じ車両にいる人たちは単なる集団なので「グループ」となります。一方で目指すものがある集団がチームです。あなたの職場はチームになっていますか？　自分たちが目指すものは明確でしょうか？

■ チームワークに必要な5つのポイント

　チームは「理想を実現するための集団」なので、チームワークとは「理想を実現するために複数人で役割分担して協働すること」と定義されています。チームワークに関する学術研究は数多くある中で、チームワークに必要なポイントを次の図にまとめました。

チームワークを発揮するために必要な**5**つのこと	1. 理想をつくる
	2. 役割分担する
	3. コミュニケーションをとる
	4. 情報を共有する
	5. モチベーション（やる気）を上げる

● 図1-3　チームワークの5つのポイント

　チームは理想を実現するための集団なので、チームには理想（目標）が必要です。理想を実現するために「役割分担」し、メンバーで「コミュニケーション」をとってチームのいろいろなことを決めていきます。全員で「情報を共有」することがコミュニケーションを円滑にします。そして理想に対する各自のモチベーションも必要です。

　チームワークは、精神論的なイメージを持たれがちです。それは、「絆」「一致団結」といった日本語が、チームワークに置き換えられることが多いためです。わたしたちは子どもの頃から、協調性を重視することを教えられており、それを発揮することがチームをよくすることだと思っているところがあります。

　しかしそれだけでは、単なる空気を読む人を増殖させているだけで、目標を達成する集団にはなり得ません。実はチームとは、図1-3のように構造的に説明できるものなのです。

　心理的安全性について考える前に、まず自分たちのチームがこの5つの要素を満たしているかを考えることが必要です。また「理想をつくる」とは、「メンバー全員が腹落ちしている理想をつくる」ということです。それができて初めて自分たちの集団が「チーム」となります。全員が腹落ちしている理想がある、つまり**目指すものが明確で一致してはじめて、言いにくいことが言い合える関係、つまり心理的安全性の高いチームへの1歩が踏み出せる**状態になるのです。

あんぜんチームになるために リーダーが行うこと

ポイントを押さえてチームの土台をつくろう

■ 5つのポイントを実践してみるために考える4つのこと

　前節でチームワークに必要な5つのポイントを伝えました。まずリーダーは、自分のチームが5つの要素を満たしているか考えてみましょう。上からの指示をそのままチームの目標としていませんか？「メンバー全員が腹落ちしている理想をつくる」ためには、**あなた自身がどういうチームにしたいかを言語化すること**が必要です。

　自分の考えを明確にするために「チームワークの4つの成果」について学びましょう。チームワークがよいと4つの成果が出るといわれています。それらは、「効果」「効率」「満足」「学習」の4つです。

　チームワークがよいと、目標が達成され（効果）、1人でやるより多くのことができ（効率）、チームの一員であることへの満足感が生まれ（満足）、チームでの活動が学びやスキルアップにつながる（学習）、というわけです。いずれもみなさんがどこかで経験したことがあるものではないでしょうか。

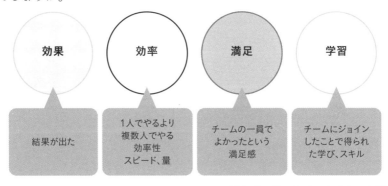

●図1-4　チームワークの4つの成果

　4つすべてが成果として出るとハッピーではありますが、最初から
それを狙うのは少し欲張りすぎかもしれません。この4つのうち、自
分のチームはどうありたいかを考えてみましょう。結果を出したいのか
（効果）、効率的に業務を行いたいのか（効率）、メンバーの満足度を重視
したいのか（満足）、メンバーの成長やスキルアップを重視したいのか
（学習）、あなたの想いに近いものを1～2つ選んでみてください。

■　リーダーの「気持ち」がチームを動かす

　この4つの指標をもとにあなたの想いを整理してメンバーに伝える
ことが、チームの一体感を醸成するための1歩になります。上からの
指示をそのまま「やりましょう」と言っても誰も前向きに動いてくれな
いのは、誰のやりたいことなのかが伝わっていないからです。AIやロ
ボットとは違って、わたしたち人間は行動するために意味や背景を必要
とします。**リーダーが行うことは行動の意味付けです。**合理的に意味付
けできればよりよいですが、最低限のラインとして「この人がそう言う
なら手伝ってもいいかな」と思ってもらうことが必要です。

　とはいえ、あなたの想いを話したことでその場が盛り上がるというこ
とは実はあまりありませんし、あなたの話への賛否が出ることもありま
す。どういうチームにしたいかあなたの想いを話すことをきっかけにし
てチームで「対話」すること、対話しようとリーダーから働きかけるこ
とが、心理的安全性の高いチームにする1歩です。

　一度話したからよしとするのではなく、**あなたの想いを何度も話すこ
とが必要です。**そうすることであなた自身の中でその想いが「あなたの
言葉」になっていき、そこから共感が生まれていきます。

■　メンバーはチームに何を求めているのかを明確にする

　どういうチームにしたいかリーダーが言語化してメンバーに話した次
に行うことは、メンバーがチームに求めていることを言語化してもらう
ことです。リーダーが言語化したのと同じように、4つのポイントを
使って各メンバーが何を求めているのか聞いてみましょう。「結果を出

しましょう！」と思っているのか、「このチームの一員でよかった」と思いたいのか、スキルアップを望んでいるのか、「4つのうち近いものはどれ？」と聞いてみるのもよいでしょう。メンバー自身も聞かれるまで考えたことがない方がほとんどだと思うので考える時間を与えましょう。こうして時間をかけて「自分たちはこのチームに何を求めているのか、どういうチームにしたいのか」をリーダーとメンバーで明確にしていくのです。このプロセスが前節の図1-3の5つのポイントの1番目の「理想をつくる」です。メンバー全員が腹落ちする理想を創り上げていくのは、リーダーとメンバーの言語化からはじまるのです。

改めてリーダーの役割を考える

リーダーが行うことを図1-5にまとめてみました。新たにチームが編成された時などに行えるとより自然ですが、**「チームビルディングが必要」だと感じた時にその都度やってみるのでも、まったく問題ありません**。むしろ推奨します。チームビルディングに使えるノウハウも本書では解説しているので、ぜひそれらも活用してください。

日々の業務を行いながらこうした会話を行うことへの抵抗感などもあるかもしれません。よいチームにしたいから少しこういうことを考える時間をつくりたいんだと率直に話すのが一番理解を生みやすいです。多少の恥ずかしさはあるかもしれませんが、心理的安全性の高いチームにしたいと思っているあなたならできるはずです。

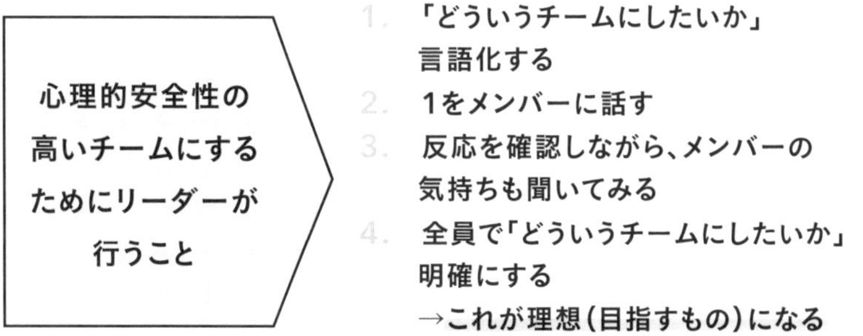

心理的安全性の
高いチームにする
ためにリーダーが
行うこと

1. 「どういうチームにしたいか」言語化する
2. 1をメンバーに話す
3. 反応を確認しながら、メンバーの気持ちも聞いてみる
4. 全員で「どういうチームにしたいか」明確にする
   →これが理想（目指すもの）になる

●図1-5　心理的安全性をつくるためにリーダーができること

あんぜんチームになるために メンバーが行うこと

メンバーができることは実はたくさんある

「あれ？ 思い込みだった？」
—— あなたの発言はとても大事な言葉

　ある会社でワークショップをしていた時の出来事です。チームごとに「今解決したいこと」について議論をしている中、あるチームで「会議の紙をなくしたい」とメンバーが話したところ、「そうだね。なしでやってみようか」とその場で上司があっさり賛同しました。提案したメンバーは「実は『紙をなくしたい』の発言は、勇気を出して言ってみたことだったのですが、こんなにあっさりOKが出てびっくりしました！今までたまたま誰も言わなかっただけなのかなとまで思いました」と最後に全員に向けて感想を話してくれました。当然ながらその後のチーム会議はペーパーレスになったとのことです。

　部下が勇気を出して言ったことが実現することは、実はわたしたちが行うワークショップではよく起こります。「こんなことを言ったら怒られるかも」「いろいろ言われるかも」と思って、言わないという選択肢を取ることはよくあることですが、それで仕事が非効率になることは本末転倒です。自らの仕事環境をよりよくするために動くことは誰もがしていいことですし、誰もができることです。「変えたいと思う慣習を変えることはできる」とこのワークショップに立ち会った時に改めて思いました。むしろ忙しい上司より現場を見ている部下だからこそ提案できるものかもしれません。そして「そういう提案はどんどんしてほしい」と思っている上司もとても多いです。誰も何も言わない静かな会議は上司も嫌なのです。あなたの発言はチームをよくする貴重な提案です。**心理的安全性の高いチームに必要なのは空気を読むことではなく、チームをよくするための発言と議論です。**

43

■ 部下としてしてはいけないこと

　この例を聞いて、「自分もこれを伝えたい」と思ったことがあれば、ぜひそれを伝えてみましょう。上司はたいてい「報告がないことは順調である」と思う傾向があります。そうではない、こうしたいという気持ちを伝えることが改善につながります。**伝えること、チームがよくなるための提案をすることは部下としての重要な役割なのです。**

　上司部下はチーム内の役割であって、最終的には同じ目標を目指すメンバー同士です。上司部下が協働することは欠かせません。上司にすべて任せるような態度や、必要以上に上司を喜ばせようとすることは心理的安全性を高めるために不要な言動です。チームで成果を出すために必要なことは、空気を読むことや過度な協調性ではありません。

　たとえば会議の紙の例以外にも、図1-3でも解説したように、自分たちのチームの目標や目指すものを明確にしたり、仕事をする上での曖昧さを無くすための発言、分からないことを明確に伝えることが部下として必要です。そのために、「改めて確認したいのですが、チームで出したい成果は何ですか？」「この仕事のゴールは何ですか？」「役割分担を明確にしましょう」「この仕事にはこの情報が必要ですが、お持ちでしょうか？」などと聞くとよいでしょう。

　第3章では、より具体的に部下としてできることをまとめました。できることから実践していき、上司や同僚と一緒に心理的安全性の高いチームをつくり上げていきましょう。

リーダーとメンバーの「わがまま」がよい会社をつくる

お互いの「違和感」や「わがまま」を吐き出していこう

■ 「違和感」や「気持ち」を言う練習をしよう

　「あんぜんチーム」をつくるために上司と部下それぞれができることをすることが大切です。**どちらか一方が行動しても、もう片方が反応してくれないとあんぜんチームはできあがりません。**上司として部下として「こうしたい」「これはどうか」と提案してみる。そして、それをお互いないがしろにせずに聞いてみる。提案と傾聴、その両方ができてあんぜんチームづくりが進んでいきます。

　前節の「会議の紙をなくしたい」という発言は、発言した本人だけでなく、周りのメンバーや上司にもメリットがあったから受け入れられました。どんな小さなことでもいいので、まずは**違和感を口に出すことで、自分も幸せになるし、周囲にも貢献できるという実感を積み重ねていきましょう。**

　たとえばあなたのチームの一番話しやすい人に「わたしたちのチームは何でも言い合える雰囲気になるといいよね」など、あなたが「本当はこうだったらいいのにな」と思っていることを伝えてみましょう。こうした小さな行動をはじめることによって、あなたの意見に賛同する人が少しずつ集まってきます。賛同する人が集まったら、その何人かで議論して1つの理想を掲げてみる。そして、その理想を他のメンバーにも広げてみる。このように、ステップ・バイ・ステップで雰囲気づくりを進めることが、あんぜんチームになっていく流れです。

■ 「わがまま」は進化の源泉！？

　サイボウズでは、1人ひとりが「わがまま」を言い合うことがチームの成長につながると考えています。リーダー、メンバーそれぞれの「チームをこうしたい」という気持ちはとても大事なものですが、「これって、わがままかしら？」と思うこともあるかもしれません。

　「わがまま」という言葉から感じられるイメージを聞くと、多くの人が「自分勝手」と答えます。そうしたネガティブな印象があるゆえに、わたしたちは今までできるだけ周りの人から「わがまま」だと言われないように振る舞ってきました。時には我慢したり、自分の本心にフタをしたりして……。

　しかし、わたしたちの生活の多くは、いろいろな人のわがままのおかげで豊かになってきました。洗濯機や食洗機など「そんなの手で洗え。わがままだ」と言われたままだったら生まれていない商品です。わたしたちが「大変」「つらい」と感じるからこそ「それを何とか解決できないか」という気持ちが生まれます。わがままだ、とないがしろにしないからこそ、現代のような豊かな生活が送れるようになったのです。わがままは、日常生活を豊かにし、社会や文化も進化させる力を持っている人間の大事な気持ちなのです。「自制せねば」なんて思わなくてよいですし、あんぜんチームとは各自がわがままを言い合うチームなのです。どんどん口に出す練習をしていきましょう。

よい組織・チームづくりが、
幸福度の高い社会をつくる

未来の社会づくりに参加する

　ここまで、個人のポータブルなソフトスキルとしての心理的安全性、またムダを減らし、新価値創造を促進する土台としての心理的安全性について述べてきましたが、第1章の最後にもう1つ重要なことを述べます。それは、心理的安全性に取り組むことが、未来へ向けて、よりよい社会をつくっていくことに寄与するということです。

■　ハラスメントのない世界への変化

　恐れに満ちた組織や、あんぜんチームでないチームの代表格は、ハラスメントが横行する組織です。振り返ってみると昭和の企業組織は、今から考えると信じられないくらいにハラスメントが行われていました。わたし自身の経験でも、上司から部下への暴力や恫喝的な言動などの光景を見たことがあります。当時は、違和感は覚えながらも、そういうものかと漠然と受け入れていたのだと思います。

　しかし、時代は進歩します。今では、手が出るなどの暴力はほとんど見かけなくなり、さまざまなハラスメントに対する意識も格段に高まってきています。働き方改革などで労働時間は短くなったとはいえ、人生の中で多くの時間を過ごすのが仕事の時間であり、職場です。単にハラスメントがないというだけでなく、心理的安全性を高めていくことを通して、よりポジティブな職場・チーム、信頼する仲間とともに、新しい価値を生み出し、達成感や充実感を得られるような職場・チームをつくっていきたいですね。そのようなチームでは、1人ひとりが自分らしく、楽しく働いて、人生と仕事の充実感を得るということができるのです。

同調圧力を超えて自分らしく働く

　かつては日本人は没個性的であるなどといわれていました。わたし個人は日本人が本来没個性的だとはまったく思いませんが、個性をさらけ出すことにブレーキをかけるような社会の同調圧力はいまだに働いているのは事実でしょう。

　実は同調圧力にくるまれていると、「自分で考えなくてよい」「周囲の顔色を見て判断すればよい」というような点で楽なこともあります。ただし、それが本当に幸福かというと、楽な反面、常にどこか心の奥底で、本来の自分自身を裏切り続けているような感覚を持ち続けるのではないでしょうか。

　これからは、「みんなと同じで安心」ではなく、**自分自身の個性や源泉を思う存分発揮して、社会や顧客に貢献するという生き方をより多くの人が実現していく**ことが望ましいと思います。

　そのためにポイントになるのが心理的安全性です。心理的安全性を高めるための小さなアクションを実践する人が増えていくことを願っています。ぜひ、本書を活用して、一歩踏み出してみてください。

ここからは、具体的な
Tipsを紹介していきます。
実はできていないことって、
意外とあるかも……

第 **2** 章

ひとりではじめる
心理的安全性

心理的安全性は
「あなた」からはじまる

あんぜんチームづくりのはじめの1歩、それはコミュニケーションです。第2章では、あなたの小さなステップからはじめることができるチームのコミュニケーションのコツを紹介します。

安心感は「関係」の中にある

「心理的安全性を高める」と聞くと、誰か偉い人、上司、リーダーなどがどうにかしてくれると考えがちです。しかし、安心感というのは、お互いの関係の中に生まれるものなので、**リーダーだけ、メンバーだけというようにどちらかの努力でつくることはできません**。リーダーだって心細いのです。

ですから、あんぜんチームをつくるためには、みんなが少しずつ小さなステップを踏み出すことが望ましいのです。つまりあんぜんチームは「あなた」からはじめることができます。

「あなた」からはじめることの大きなメリット

「あなたからはじめましょう」と聞くと不安に思う人もいるでしょう。でも、大丈夫です。自分にとって負荷が少ない、小さなことを少しずつ積み上げていけばよいのです。

そして、「あなたからはじめる」ことには、実は大きなメリットがあります。継続していく中で、次のようなよい効果があらわれてくるでしょう。

①職場の人間関係は、誰にとっても大きな関心ごとです。小さなアクションをはじめた「あなた」のことを周囲の人は好意的な目で見てくれます。

②そして、まずあなたの周りで心理的安全性が少し高まり、あなた自身の仕事がしやすくなります。

③さらに、「あなた」の小さなアクションに影響されて、他のメンバーも自分なりに小さなアクションをはじめることで、あんぜんチームづくりが加速します。

④もし、協力的でないメンバーがいて、チーム全体の心理的安全性が高まらなくても大丈夫です。あなたのアクションは確実にあなたの経験値として積み上がり、市場価値が高いポータブルスキルとなっていきます。

本章で紹介する実践を、ぜひ試してみてください。

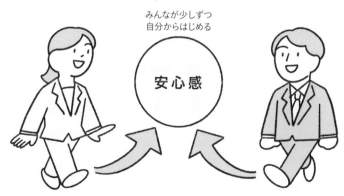

みんなが少しずつ
自分からはじめる

安心感

安心感は、関係の中にある

●図2-1　安心感の生まれ方

なぜ関係が大事か～組織の成功循環モデル～

　なぜ、「関係」が大事なのか、もう少し説明します。

　ビジネスパーソンとして、仕事の結果にこだわるのは当然のことです。わたしたちは何かしらの目標を達成するために日々考え、仕事をしています。

　ただし**「結果」にこだわりすぎると、失敗しやすい**ともいわれています。MIT（マサチューセッツ工科大学）のダニエル・キム教授が提唱した「組織の成功循環モデル」はご存知の方も多いでしょう。

　わたしたちは「結果」を出すことを求めますが、成果に関わる人たちの「関係の質」が落ちると、結果が出なくなります。結果が上がらない、または結果を追求しすぎると、対立や押し付け・命令が増え「関係の質」が悪くなります。関係の質が悪くなると、面白くなくなるので自ら考えるより受け身になり「思考の質」も落ちます。そうすると積極的な行動が起きず「行動の質」も下がり、さらに結果が出なくなります。この悪循環に陥らないことが大事なのです。

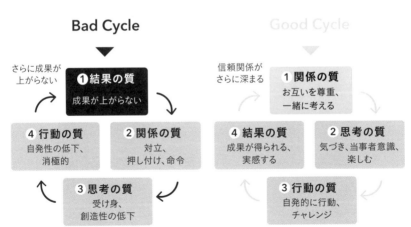

ダニエル・キム教授「組織の成功循環モデル」を参考に著者が作成

「関係の質」を高めると好循環がまわりだす

●図2-2　組織の成功循環モデル

つまり、結果を出すためには、そこに関わる人たちの「関係の質」を上げていくこと、そこからさまざまな気づきが生まれ「思考の質」が上がり、やってみようとチャレンジが増え「行動の質」も上がることが大事なのです。このようにして、結果がついてくるようになります。これが、「組織の成功循環モデル」です。

■ 心理的安全性は「関係の質」を高めること

　これはキム教授の「仮説」ではありますが、とても支持されているモデルで、最近さまざまな場所で紹介されています。共感を生んでいるということは、多くの方が経験知から納得しているということでしょう。心理的安全性とは、まさにこの「関係の質」を高めることです。

　第2章では、誰もができる「関係の質」を高めるための具体的行動を書いています。1つひとつは小さなものですが、大事なのは積み重ね。ぜひ、「できそうだな」というものから、実践してみてください。

　また、この章からは、「上司／部下」ではなく、「リーダー／メンバー」と表現していきます。チームとは、理想を達成するための集団です。そこにいる人たちはあくまで理想を達成するための「役割」を持つ人たちであり、最終的に同じ目標を目指すメンバー同士です。上下関係を強調するのではなく、「役割」として捉えてほしいため、リーダー／メンバーという表記にします。

　ある分野ではAさんがリーダーになるかもしれないし、別の分野ではBさんがリーダーになる。こうしたことを既にチーム内で行っているところもあるでしょう。これは「評価」ではなく、「業務（プロジェクト）」のリーダーという意味です。人事評価をする人が常にリーダーになるわけではありません（日本組織ではそうなることが多めではありますが）。それはあくまで「上司」というわけです。

　本書で扱うのは、あんぜんチームを実現するためのTipsです。チームになるため、チームとしての力を底上げするために、ぜひ活用してください。

まずはあいさつを
しっかりする

コミュニケーションの基本を押さえよう

難易度 ★☆☆　頻度 ★★★　関連項目 2,4

実は深い意味がある「あいさつ」

　出社したとき、同僚と会ったとき、リモートワークの会議の冒頭など、それぞれの場面であなたはあいさつをしていますか？　「おはようございます」「お疲れさまです」など、タイミングによりいろいろなあいさつ言葉がありますが、改めて振り返ってみると「あれ？　どうだろう？」と考える人もいるのではないでしょうか。

　実は、意外と「あいさつをしていなかった」と答える人も多いのです。「毎度やる必要があるのか？」という質問も出てきそうですが、会議の参加者が変わるのであればあいさつするほうがよいでしょう。特にリモートワークでのカメラオフの会議の場合だと、相手の声色でいろいろと探ることになります。カメラオフの会議ならなおさらあいさつしましょう。「あいさつはコミュニケーションの基本の『き』」という表現はどこかで聞いたことがある人も多いと思います。それをしっかり実行することからはじめましょう。

　あいさつは、自分と相手の存在を認める行為です。首脳会談など、国を代表する人たちが集まるところでよくTVに映し出される場面は、たいていあいさつしている場面です。あいさつしている場面ばかり見させられているのもよく考えると滑稽にも思えますが、「両者があいさつした」という事実はそれほど大きなことだということなのです。「お互いを認め合っています。これから意味のある時間を過ごしましょう」とい

うメッセージがあいさつには含まれていると考えると、単純な行動ですがとても大切な行動だとわかります。

オンライン会議では特に重要な「あいさつ」

　特にリモートワーク中心の組織の場合、その会議の前も他の会議に参加していたということもよくあります。その場合、冒頭からいきなり議題に入るやり方は参加者のストレスや疲れを増やします。あいさつしたり、雑談しながらメンバーを待ったりするなど、**本題の前に柔らかい雰囲気をつくりだすことが会議参加や意見・発言のハードルを下げることにもつながります。**

　また、わたしたちは声色やしぐさで相手の状況を判断します。相手が今どのような状態であるか、あいさつの様子でわかることもあるのはみなさんも経験済みだと思います。

　あんぜんチームのつくりかたの最初は「あいさつ」から。何も無理やり元気な声を出す必要はありません。あいさつを機に「今日は疲れていて……」と自分の状態や気持ちを共有するのもよいですね。お互いを知り合う時間をあいさつからつくりましょう。

笑顔で安心感を生む

難易度 ★☆☆　頻度 ★★★　関連項目 1,8,9

▨ 相手に友好的であることを伝える「笑顔」

　「毎日笑顔でいたい」と、誰しもが思っているでしょう。そうしたご機嫌な毎日を送りたいものだとわたしも思います。なるべく笑顔でいることを心がけているのですが、そう思うようになったきっかけがあります。それは、社会人になってからの学びの場で、講師が定期的に笑顔で受講者に接していたことを目の当たりにしたことです。

　よくある講義形式の授業だったのですが、節目で先生がニコッと笑顔をはさんでいたのです。一方向の講義なのでそうする必要もないとも思うのですが、その節目の笑顔を見るたびに、聞きっぱなしにならずに、それまで先生が話していたことを反芻するタイミングにもなっていたのです。それ以降わたしも講演や研修の場では、笑顔をはさむように心がけています。

　あいさつは「お互いの存在を認める行為」、笑顔は「あなたに敵意はありませんよ」と友好的イメージを相手に与える行為です。あいさつと笑顔はセットになりやすいものです。不安や警戒心を持たれていると相手とコミュニケーションしにくいのは当然のこと。笑顔を見せることで「よい方向に持っていきましょうよ」という意思表示にもつながります。

　ある人の感情や態度が意図や意識を伴わずに別の人へと広がる現象を「社会的伝染」といいます。活気のある場に入ればおのずと快活な気持ちになるし、陰湿な雰囲気の場にいると陰鬱な気分になるのは人間の自

然な反応であり、その場にいる人のモチベーションなどにも大きな影響を及ぼします。**笑顔あるところからあんぜんチームがはじまる**のは言うまでもありませんね。

■ オンライン会議では特に重要

はじめやすいことの１つとして、「**１会議１笑顔**」をしてみるのはいかがでしょうか。オンラインでのカメラオフ会議だと難易度は高くなりますが、その場合は声色で笑顔を表現しましょう。１会議１笑顔を心がけるだけで、笑顔が増えます。

数値化して意識するのも１つの手です。まずは、会議数の６割以上を目指せば十分です。10会議あれば６つの会議で笑顔を見せてみる、という感じです。

わたしが影響を受けた講師の方のように、自分の発言の節目であえて出すというやり方や、ニコニコしながら話してみる、冗談をはさんでみるなど、笑顔のはさみ方も人によってさまざまです。まずは自分のやりやすい方法でチャレンジしてみてください。

どんなシチュエーションでも、笑顔があれば安心感が生まれる

●図2-3　笑顔の効果

「さん」付けで呼び合う

上下関係を感じさせない言葉を使っていこう

難易度 ★☆☆　　頻度 ★★★　　関連項目 43,69

呼び捨てや「君／ちゃん付け」は問題外

　職場での呼び方は重要です。最近は「さん付け」で呼び合う小学生が増えているという調査もありましたが、時代によって呼称やそれに対する意味付けは変わっていきます。

　呼び捨てや「ちゃん付け」が、パワハラ、セクハラの恐れもあるとして控える企業も増えています。呼び捨ては高圧的に聞こえ、続く言葉が強くなりがちです。令和の**チーム内の呼び方は、基本は誰に対しても「さん付け」が望ましい**です。

　こんな例があります。ある日本企業が外資のグループに入ったときに、公用語が英語に変わりました。それにより、これまでの「○○社長」「△△部長」といった役職付けの呼称をやめて、下の名前で呼ぶようになったのです。そうした過去を知らない若手社員が「Hi, yoshio!」と社長に声をかけたら、昔からの役員陣に「気安く下の名前で呼ぶなんて。自分たちはヨシオ社長と言い続けているのに！」と言われ、叱られたような気分になったそうです。

　あなたはこの例をどのように考えるでしょうか。役員陣の抵抗は少しわからなくもないですが、ガラパゴスな閉じた世界観を感じてしまいました。こういう点にこだわることは、硬直的な序列意識が強化されることで結果としてスピード力の低下につながり、残念ながら競争力の低下を招くことになります。グローバルスタンダードを考えてみても、呼び方はフラットが望ましいのは明らかです。

■ チーム内からはじめれば大丈夫

　役職ではなく「さん付け」推奨運動は以前からあり、もっと発言しやすい雰囲気、アイデアを出しやすい雰囲気にし、職場の活性化や新規事業につなげるという狙いが背景にあります。ほかにも、役職変更した際の社内資料の修正などはムダな作業なので社内の呼び方から役職を排除したという例もあります。これは確かに一理あるでしょう。

　会社の慣習にかかわらず、リーダーが「役職名ではなくさん付けで呼んでほしい（呼んでよい）」と言う場合も少なくないようです。実際にチームメンバーにそう提案したときに「社員からは『そうですよね〜』と共感された」と話してくれた方がいました。今の時代、共感を呼ばないということもあまりなさそうですし、メンバー側もリーダーがそう言ってくれることで、リーダーが近づこうとしてくれている気持ちを感じるのは確かです。

　あんぜんチームは、上下関係が強いと生まれにくいです。呼び方を変えただけでものすごく大きな変化が起こるわけではないですが、あなたの気持ちがメンバーに伝わり、小さな変化は起こせます。あくまであんぜんチームへの第1歩ですが、よい実践になるでしょう。

「田中さん」と
呼んでくれれば
よいですよ

■ 「ありがとう」は、お互いの不安が消える魔法の言葉

　新卒でも中途でも、入社してしばらくは、職場において自分がその会社の一員として認められるように行動するでしょう。その気持ちは自然なものです。

　マズローの5段階欲求の図（図2-4）を見たことある方も多いと思います。3段階目にある「社会的欲求（所属と愛の欲求）」は、まさに「仲間として認められたい」という気持ちです。**「あなたはチームに必要だ」と思われることは誰にとっても嬉しいこと**です。

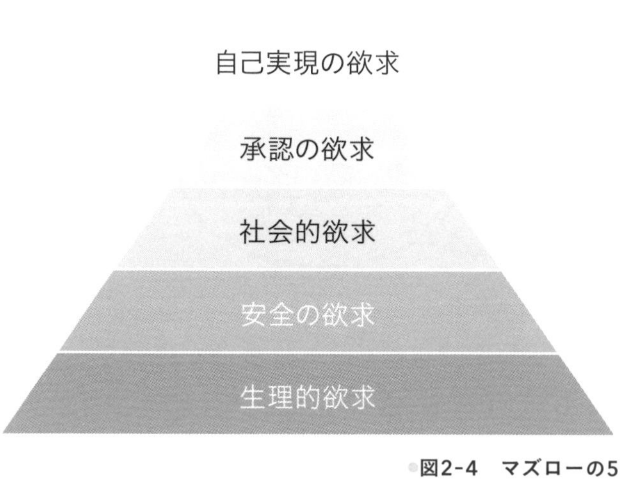

自己実現の欲求

承認の欲求

社会的欲求

安全の欲求

生理的欲求

○図2-4　マズローの5段階欲求

逆にずっと所属に対する不安が続くことは精神的にもよくありません。そうした不安を解消するために必要な言葉、それが「ありがとう」です。

「ありがとう」は、所属の欲求を満たす言葉です。ありがとうと言われると自分が貢献したことがわかり、ホッとしたり嬉しくなったりします。そして、ありがとうと言った方も、言葉に出すことで改めてお礼の気持ちが生まれます。

ほめるのでも、頑張れと言うのでもない

ほめたり励ましたりも大事な行動ですが、時には本来導きたい方向ではないほうへ行くこともあります。ほめるというのは上の人が下の人にくだす評価でもあり、タテの関係で成り立つ点があります。また「もっとできるんだから、頑張れ！」というような励ましは、できなかったときに傷つく、負のスパイラルに陥らせることにもなります。「自分に価値がある」と思わせない賞賛や励ましはかえって逆効果になりやすいのです。

何か問題があったとき、その課題と向き合うための「勇気」が必要です。勇気というと、大げさに感じるかもしれません。「心構え」くらいの意味合いに捉えてもらってもよいでしょう。

心理学者のアドラーは、「人は『自分には価値がある』と思えたときだけ勇気を持てる」と言っています。正解のない職場の問題や人間関係にぶつかったとき、必要なのはそこに関わっていく「勇気」です。ほったらかしにしたくなるのは、「勇気」がないから。自分に自信がないからです。言いにくいことを言い合えるあんぜんチームになるために必要なのは「勇気」であり、勇気を持つためには、自分に価値があると思うことが必要。だから「ありがとう」の交換が必要なのです。ほめることや励ますことより、「ありがとう」と言うほうが難しくないはずです。まずは**たくさんの「ありがとう」を言うところからはじめていきましょう**。

いつもと様子が異なるメンバーに声をかける

気になることをそのままにしないようにしよう

難易度 ★☆☆　頻度 ★★★　関連項目 16,24

■ 「あれ、ちょっと何か違う」と感じたら声をかけよう

誰でも調子のよいときと悪いときがあります。健康状態やその日の体調、家族の状況やプライベートでの悩みごとなど、職場でのコンディションを左右する要素はたくさんあります。あなたは、職場でメンバーのコンディションを感じ取っていますか？

メンバーと接していて「何かいつもと違うなぁ」と感じたら、声をかけてみましょう。「最近どう？」「何か困ったことある？」というような軽い声かけでOKです。

「実は……」と、相手が困りごとを話してくれたら、話をよく聴いたうえで、「あなたにできることをサポートする」「問題の解決ができる人へつなぐ」など、チームみんなでメンバーをサポートしましょう。

相手が話してくれない場合でも、自分のことを気にかけてくれる人がいるということを心強く思ってもらえるはずです。

声のかけ方にも配慮が必要です。相手の状況に即して、廊下でこっそりと声かけする、ランチに誘ってみる、メールをしてみるなど、相手が受け止めやすいようなアプローチを工夫するとよいでしょう。

■ 実は無意識に「気づいている」情報に意識を向けよう

こういった小さな声かけが日常的に行われている職場では、さまざまな悩みや困りごと、問題が小さな芽のうちに浮かび上がり、早めに対処

することができます。逆にメンバーのコンディションへの関心が低い職場では、問題は爆発寸前にまで膨れ上がってから露見します。そうなると、時すでに遅しで、大問題へとつながります。

　仕事中は目の前の書類、作業、急ぎのタスクなどに関心が集中し、メンバーの状態に気づきにくいときもあるでしょう。しかし、人は意識しているよりもずっと多くの情報を無意識に感じ取っています。そういう**ちょっとした「気になること」や「ひっかかること」をそのままにせずに、しっかりと自覚することが大切です。**

いつもと様子が異なるメンバーがいたら……

- ・「最近どう？」「何か困っていることはある？」という軽い声かけをする
- ・相手の話をよく聴いて、自分ができるサポートをする
- ・声のかけ方も一工夫する（廊下で、メールで、ランチでなど）
- ・無意識の「気がかり」「ひっかかり」をそのままにしない

　忙しい中でも、ちょっと心に余裕をつくって、周囲を見渡してみる、メンバーのコンディションに気を配ってみる。そういうちょっとしたアクションがあんぜんチームづくりにつながるのです。

06

仕事以外の話をする

定例会議の最初の10分を雑談タイムにしてみよう

| 難易度 ★☆☆ | 頻度 ★★☆ | 関連項目 7,19,21,23 |

■ オンラインだと雑談しにくいのは誰もが同じ

　コロナ禍で職場がオンラインに移行した際に、一番よくいわれた組織の課題が「コミュニケーションが減った」ことでした。サイボウズでビジネスパーソン3,000名を対象に行った調査では、若い世代ほどそう感じている人が多く、「業務に関することでもコミュニケーションしづらい」と回答した人が半数以上いました。

　業務に関することさえ聞きづらい中で、何気ない話や雑談なんてもっとしにくいというのが本音でしょう。特にオンラインの場合は、偶然性がなく、**あえて時間をとらないと会話がしづらい**デメリットがあります。もちろん、若手だけでなく、マネージャー層もコミュニケーションのしづらさに悩んでいることもわかりました。

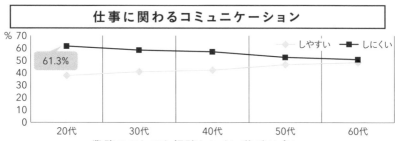

出典：サイボウズチームワーク総研「テレワークの職場内コミュニケーションに関する調査」
URL：https://teamwork.cybozu.co.jp/blog/telework-communication.html
※上記に掲載の調査をもとに著者が作成

●図2-5　若手ほどコミュニケーションに悩んでいる

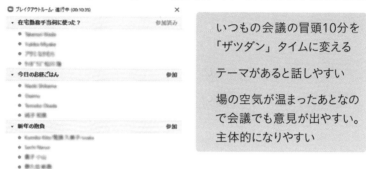

定例会議前の10分間ザツダンタイム

ある日の「10分ザツダン」：テーマ別の3つの部屋4人ずつ入っています。途中の部屋移動もOK。

いつもの会議の冒頭10分を
「ザツダン」タイムに変える

テーマがあると話しやすい

場の空気が温まったあとなの
で会議でも意見が出やすい。
主体的になりやすい

■図2-6　雑談タイムの例

定例会議に雑談タイムを設ける

　コミュニケーションが減ったことによるデメリットを感じたのはサイ
ボウズ社内でも同じでした。その際にわたしたちがやってみたことは、
「定例会議の最初の10分を雑談時間にする」ことでした。

　初回は、とても盛り上がりました。仕事のオンライン会議が続く中、
あえて雑談するというのが新鮮だったことや、久々にくだらない話をし
たり聞いたりしたことがよかったのでしょう。毎週のチームの定例会議
ではしばらく行っていました。そのうち飽きてきて、頻度は減りました
が、現在もたまにやっています。

　こうした事例を社外にも共有したところ、「1対1だと話しにくいけ
どこれならできそう」という声がたくさん届きました。実際に実践され
た方も多くいました。もちろんオンラインだけでなく、**リアルの会議で
も最初の10分を雑談時間にする**ことは可能です。

　よい関係性をつくるために雑談は大事。これは誰もが疑わないことで
す。また、業務時間にあえて行うことがポイントです。定例会議の中で
できそうもないときは、隔週や月1などの間隔で「おやつ（お土産）タ
イム」を15〜30分ほどスケジュールに入れるなど、「チームで仕事以外
の話をする時間」をあえて設けていきましょう。

07

各メンバーと毎週15分雑談する

業務時間内に雑談できる環境をつくろう

難易度 ★☆☆ 　頻度 ★★☆ 　関連項目 6,23

誰もが必要と感じている雑談

　リアルやオンラインにかかわらず、**職場で仲間と雑談できる環境は必要です**。工場などの場合でも休憩時間が必ずあり、そこが癒しの時間でもある方は多いと思います。同僚とたわいもない話をするのは心身の健康のためにも必要です。ある調査では、オフィスでの雑談は必要と答えた人が、一般社員では8割、管理職では9割という結果もでていました。

　オンラインだとなかなか雑談しにくいのは誰しものこと。サイボウズでは、雑談する時間を他の会議と同じように、1回あたり30分や45分、

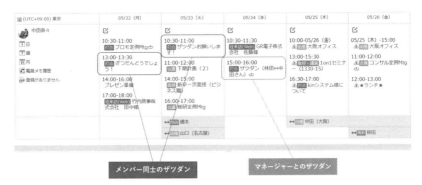

図2-7　雑談をスケジュールに組み込む

60分でスケジュールに登録して雑談します。

　自分のチームのリーダーとは毎週雑談をするのが慣習なのですが、リモートワーク中心になってからは同僚や同期などメンバー同士での雑談も増えました。

■　雑談を止められることはあまりない

　普段オフィスにいるときに何気なく雑談していた時間を、いちいち「それは業務時間から引いておいて」と言われることはないでしょう。**雑談は仕事の一環なので、業務時間に行ってください。**ましてや、コミュニケーション不足の悩みが増えている現在、マネージャーとメンバーの両方がコミュニケーションに悩んでいます。1人ひとりと話をする時間をあえてつくることは、誰もが行うべき「業務」なのです。「コミュニケーション量を増やす」しくみを、ゆるりとつくっていきましょう。

　マネージャーの方は、15分、30分で十分なので、1人ひとりと話す時間を業務時間内に定期的につくりましょう。メンバーの方は、同僚と話す時間をつくってみるのはいかがでしょうか。コーヒーを飲みながら、お菓子を食べながらでも大丈夫です。むしろそれは大歓迎なよいアイデアです！　それくらいの軽い気持ちから、悩みや本音を話せるチームづくりははじまります。長時間になり過ぎない程度にコミュニケーションをとることは必要な仕事です。

　こうした行動は「『サボり』とみなされそう……」と、不安がある方もいるかもしれません。雑談とはいえ、実際は雑談の中に仕事の話も入っていることが多いのです。「先日こういう話を○○さんとしまして……」「○○さんから聞いたんですけど……」、というような感じで、適切なコミュニケーションをとっている旨をリーダーに伝える機会を増やすと、サボりとみなされる可能性は低くなります。もちろんリーダーの方は、雑談に寛容になりましょう。

08

Web会議ではカメラを
オンにする

相手と顔を合わせてコミュニケーションしよう

難易度 ★★☆　頻度 ★★★　関連項目 9,10

カメラをオンにすることの大きな効果

新型コロナウイルス感染症の流行以来、在宅勤務が一気に普及しました。通勤時間の短縮など在宅勤務にはさまざまなメリットがありますが、一方でコミュニケーションという側面からは、これまでにない難しさを感じている人も多いようです。特にオンライン会議では、相手の様子がわかりづらいなどの理由からメンタルの疲弊を感じやすいという調査結果もあります。

オンライン会議でまずおすすめしたいのは、**カメラをオンにして実施する**ことです。コミュニケーションにおいて、人は話している内容からよりも、相手の表情やしぐさなど（ノンバーバル・コミュニケーション）からより大きな情報を得ているといわれています。

つまり、カメラがオフの状態では、お互いに非常に限られた情報しか得られず、ストレスを感じやすいのです。このストレスは、心理的安全性が高い場をつくりたい場合、もちろんマイナスに働きます。

スコラ・コンサルトでは、話し合いの場では、五感で感じる情報がとても大切だと考えています。なので、ほぼすべてのミーティングで、カメラをオンにしています。オンライン会議でも、工夫するとリアル開催に劣らない豊かなコミュニケーションを実践できるのです。

カメラをオンにする目的を共有する

「部屋が映ってしまうのが嫌だ」「メイクや服装などを整えるのが手間」「カメラがオフの方が気楽に参加できる」など、カメラをオンにすることに対して抵抗を感じる人もいるでしょう。またすべての場面でカメラをオンにすることがよいというわけでもありません。

カメラをオンにして相手の表情が見える状態にするのは、自分たちのチームのコミュニケーションをよりよくするためです。一辺倒に「カメラオンしか認めない！」と強要するのではなく、その目的をチームでしっかりと共有し、**目的に応じて、カメラのオン・オフを使い分ければよい**のです。

たとえば、5分程度のちょっとした短い会話の時はカメラをオフでも問題ないケースも多いです。一方で相手の表情などを感じながら話す必要がありそうな場面（相手の理解度や腹落ちの度合いが気になる話題、困難な課題の相談、相手のコンディションを知りたい時など）では、カメラをオンにしてミーティングを行うとよいでしょう。

カメラをオンにして話すことで、コミュニケーションはよりスムーズになりますが、それでもリアルに会って話すことに比べるとまだまだ情報の伝達は弱いです。カメラをオンにしたうえで、さらにオンラインの弱点を補うためのふるまいを心がけるとよいでしょう。具体的には、「普段よりも大きく、はっきりとした声で話す」「喜怒哀楽や表情を少し大げさに表現してみる」「身振り手振りなどを駆使して、動きをつくる」などがおすすめです。

09

いつもより表情を豊かにする

難易度 ★☆☆　頻度 ★★☆　関連項目 1,2,8

人間の表情は相手の気持ちと行動に影響する

オンライン会議だと、リアルで会うときより情報量が減るため、相手の状況がわかりにくくなるのは当然のことです。視覚と聴覚に絞られる分、先に記載した「あいさつ」や「笑顔」に、今まで以上に気を遣って対応することが必要です。

そもそも**人間の視覚情報はメンタルと行動に大きく影響します**。わたしたちは人の表情から感情を読み取り、いろいろ考えます。厳しい表情を見ると怖さや近寄りがたさを感じますし、笑顔の人を見るとこちらもよい気分になり近づいていこうとします。一方で表情の変化が乏しいと、相手は反応を掴みづらいと感じます。このように表情が相手に与える影響の大きさはリアルでもオンラインでも同じです。

チームメンバーとずっと顔を合わせなくても平気な人は少ないですし、そうしたチームは成果が出なかったという海外での実験結果もあります。普段仕事をするチームでの会議のときにはカメラオンを増やし、一緒に仕事をするために必要な**「前向きな気持ち」を伝え合うためにも、表情に気を配ってみてください。**

「あなたの話を聞いています」と伝えることが大事

さまざまな企業の人に、オンライン会議での工夫について聞いてみると、聞いていることが伝わるようにあえてうなずきを大きくする、笑顔

を見せる、発表が終わったときに画面の前で拍手するなどといった行動がよく出てきます。表情やしぐさ以外では、声で相づちをいれる、相手が話し終わったあとに「ありがとうございます」と伝える、といった例もありました。わたしたちも、オンライン研修や会議において、発言が終わったあとの拍手はよく行います。

　いずれも「あなたの話を聞いています」ということを示す表情、しぐさ、声です。どれもそんなに難しいことではないので、どれか1つからでもはじめてみましょう。

アクションの例

大きくうなずいてみる

笑顔を見せる

話が終わったときに「ありがとうございます」と言う

ありがとうございます！

拍手する

声のリアクションを入れる（うなずき、「なるほど」などの一言など）

なるほど！

　もちろんオンラインに限らず、リアルでもリアクションは大事です。リアルの会議でもぜひやってみましょう。安心して話せる環境づくりは表情から始まります。

10

お祝いや歓迎の時間をつくる

オンラインでもできるさまざまな工夫をしよう

難易度 ★☆☆　頻度 ★☆☆　関連項目 21,60

■ お祝いイベントはいくらでもつくれる!

　チームに新しくメンバーが入ってきたときや抜けるときに懇親会や送別会を開催するのはよくありますね。メンバーの異動に限らず、大きな仕事が生まれたとき、無事にプロジェクトが終了したとき、メンバーにお祝いごとがあったとき、入社〇年目記念、お誕生日……などなど。お祝いごとはいくらでも設定できますし、いくらあってもいいものです。

　以前サイボウズでは、3カ月に1度「喜びの叫び」と称した4半期ごとに目標の達成度を全社で祝うイベントがありました。毎度目標を達成し、喜べたらいいのですが、そうでもないときも当然出てきます。その時は「喜びの」をとって、次の期に向けての「叫び」と称して開催したりもしていました。部署を越えた人たちが集まるそうした機会を通して、いろいろな人の話を聞いたり、いろいろな人と話したりするのはとても刺激的でした。お祝い事や節目をイベント化するのは、「気持ち」を話す時間となりやすいので、チームの雰囲気をよくするためにも大事です。こうした活動をいいなと思った方は、あなたからぜひやってみましょう。こういうものは楽しんだ者勝ちですよ。

■ オンラインの場合は、背景画像をうまく使う

　サイボウズはリモートワーク中心の職場になったこともあり、オンラインでのイベントもかなりの頻度で開催されます。全社向けもあれば

チームごともあったりサプライズイベントもあったりします。

何か大きなことをしようと思わなくてよいです。たとえば**誰かの誕生日や何かお祝いごとがあるとき、会議の最後の5分に、他のメンバーが背景画像を一斉に変えて「おめでとう!!」と言う**だけで、サプライズにもなるし楽しくなります。そうしたやり方や、使い方で十分です。

そういうことが得意なメンバーに協力してもらいながらやってみてもよいでしょう。

最近では、背景画像の種類も増えてきましたし、アバターも使えるようになってきました。わたしのチームでは、普段の会議においても、背景画像を適度に変えたり、アバターでたまに登場したりしてマンネリの雰囲気を出さないといったこともやっています。

同じようなことをしている方もいると思いますが、オンラインのよさや機能を活用していきましょう。

対面においても、お祝いごとやイベントを終業後に行ったり、飲み会形式で行うこともあると思います。そのように行うかたちでも、もちろんOKです。一方で、そのような会を全員が参加しやすいランチ会として開催することも増えてきました。みんなが参加しやすい時間帯をぜひ探してみてください。そんなに時間をかけないで行いたい場合は、先述のように、会議の始めや終わりに行うなども1つのやり方です。

オンラインでも対面でも、こうした機会をつくって、気持ちの共有、仕事以外の話をする時間を増やしていきましょう。

11

自分の「気持ち」を
1日1回は誰かに伝える

感情を伝えて共感を生もう

難易度 ▶ ★★☆　　頻度 ▶ ★★★　　関連項目 ▶ 17,23,26,49

■ 職場でも「気持ち」をどんどん出そう

人間にとって「感情」はとても大切です。同じように仕事をしていて
も、苦しい思いをして働いているのと楽しんで仕事をしているのでは、
仕事を通した人生の質が変わってきます。ところが、この大切な「感
情」をあまりうまく扱えていない職場も多いのではないでしょうか。

昔の日本企業では働く上で「気持ち」や「感情」という側面はそれほ
ど重視されていませんでした。最近では、社員が前向きで健全な心の状
態でいることが大切だというウェルビーイングの考え方も浸透してきて
います。また、イノベーションなどの新価値創造は、個人の想いや情熱
などの「気持ちの力」を源泉にして生まれるものです。

■ 意外と難しい気持ちの共有

心理的安全性の観点からも、**自分が「感じた」ことをなんでも率直に
話すことができるチームは生産性が高い**といわれています。「気持ち」
を話すということは、あんぜんチームづくりのとても重要なポイントな
のです。

とはいえ、気持ちを共有することは、意外と難しいものです。気恥ず
かしさもありますし、職場ではそういうことは話すべきではないという
昔の考え方がいまだに残っている会社も多いのです。率直に気持ちを話
したら、弱みにつけこまれるのでは、という恐れもあります。

本書で何度も述べている通り、小さなことからはじめると、無理なく実践できます。**1日1回、ちょっとした「気持ちの表明」を習慣化してみましょう。**「みなさん、わたしの気持ちを聞いてください！」と大げさにしなくてよいのです。

　たとえば、仕事の話に少しだけ付け足すかたちで、気持ちを表明してみます。

気持ちを伝えるときのフレーズの例

・「この業務は完了しました。お客様に喜んでいただけて、とても嬉しかったです」
・「プロジェクトの検証は以上となります。わたしとしてはとても悔しい思いをしていますが、この経験を次に活かしていこうと思います」
・「みなさんとのプロジェクトがはじまります。実はとてもワクワクしています」

　このように、ちょっと気持ちを添える話し方をすることで、聞いている人の心に何かが響き、チームの心理的安全性と一体感によい影響をもたらすでしょう。

●図2-8　仕事の話と気持ちの話の違い

12

「ここ、いいね」と言ってみる

難易度	★★☆	頻度	★★☆	関連項目	11,14,26,32

■ 各自のよいところはチーム全体の武器

チームでは互いの違い、特によいところ（長所・強み）を活かし合うことが大切です。チームメンバー同士、互いの長所・強みをどのくらい認識できているでしょうか。また、互いに伝え合えているでしょうか？

自分では気づかない自分の長所をチームの仲間が見つけてくれることはよくあります。互いにフィードバックし合うことで、長所や強みがはっきりと意識されます。

それぞれの長所や強みは、チーム全体にとっての武器になります。ですから、チームでよい仕事をするために、どんどん長所・強みを発見して磨いていく方がよいのです。

そのためには、**まずは相手によいところを素直に伝える**ことです。小さなことでよいので、まずはたくさん見つけて相手に伝えてあげることが役に立ちます。たとえば、次のように伝えるとよいでしょう。

相手のよいところを伝える際のフレーズの例
- 「佐藤さんの話し方は、落ち着いていて安心できるね」
- 「中村さんのメモの取り方はわかりやすいですね」
- 「山田さんはいつも明るくて、こちらも楽しくなります」

■ 弱点にフォーカスしがち

　よいところに目がいかず、短所や欠点、苦手なことばかりにフォーカスしてしまうような風土の会社もあります。

　短所は目につきやすいので、短所を修正するというスタンスでメンバーに接してしまいたくなる気持ちもわかります。しかし、チームのパフォーマンスという観点からは、やはり長所・強みにまずフォーカスするということが重要です。

　長所を相手に伝えるポイントは、先の例のように、小さなことをさりげなく、頻度高く伝えることです。長所・強みとともに、それが自分たちのチームにどのようなよい影響をもたらしているかを伝えるとよりよいでしょう。

　自分がチームにもたらしているよい影響を自覚できるようになると、メンバーの自信がつきますし、またその長所を発見してくれた他のメンバーとの信頼関係も深まります。

良いところを伝える際のポイント

・さりげなく言う

・小さなことをしっかりと例に挙げる

・頻度は多く伝える

杉本さんは、鳴りっぱなしの他部署の電話なども取ってくれたり、すごく広く周囲を見てくれているよね。おかげで事務所全体の顧客対応のレベルが上がっていると思うよ

13

「助かったよ」「○○さんだからできる!」と伝える

賞賛・感謝・励ましの言葉を言おう

難易度 ★★☆　頻度 ★★☆　関連項目 4,12,66

人は誰しもほめられると嬉しいものですが、最近は科学的な研究で**ほめること(ポジティブ・フィードバック)が、好業績に結びつく**ことがわかってきました。あんぜんチームづくりでも、ほめる効果をうまく活用していきましょう。

■ 貢献実感を高めることがポイント

ほめると言っても、何でもかんでもほめればよいわけではありません。ポイントは「貢献実感」です。**04 まずは「ありがとう」と言う**で言及した、マズローの社会的欲求を満たすことです。つまりメンバーが、「自分はチームの仕事や成果にしっかりと貢献できている」と感じることができるのが重要です。

特に最近の若い人は下積みに甘んじるのではなく、チームや仕事に対して、しっかりと目に見える貢献をしたいと考えるようになっています。賞賛や感謝、励ましの言葉をかけるときは、「いや～、君は素晴らしい」などと漠然とほめるのではなく、「あなたの仕事は、納期の短縮にとても貢献しているよ。ありがとう」という風に、**具体的な貢献ポイントがわかるように伝えましょう**。

■ 「ほめ方」の落とし穴

ほめることは、意外と難しく、いくつか注意が必要です。

ほめるときの注意点

・思っていないことは言わない
　→心から思っていないことを口先だけで言っても相手に響かない
・また聞きしたことなどではなく、自分で確認したことを言う
　→相手のよい貢献をしっかりと見ていないと、ほめるポイントが
　　ズレてしまい、相手にも小手先のほめ言葉だとわかってしまう
・操作しようとする
　→ほめることで相手をいいように動かそうとしても、見透かされ
　　て結局は裏目に出る

ほめるのが苦手な昔のマネージャー

　昔はどこの職場でも、ほめるということが少なかったこともあり、比較的年配のマネージャーなどは、いまだにほめることに苦手意識を持っている方もいるかもしれません。気持ちはわかります。しかし残念ながら時代は変わっていきます。人生100年時代に、まだまだリーダーとしてメンバーとして自分らしく活躍していくためには、小さなことからコツコツと練習して、ほめるスキルをはじめ、第2章全般で述べているようなコミュニケーションの基本を少しずつ習得していきましょう。

14 文字のコミュニケーションも併用する

難易度 ★☆☆　　頻度 ★★☆　　関連項目 26,32,56

■ 自分がどのコミュニケーション方法が得意かを知っておく

オンライン中心の働き方では、文字でのコミュニケーション量が圧倒的に増えます。一時的なテレワークにおいてもこのことを経験された方は多いのではないでしょうか。文字でのコミュニケーションに対する得手不得手は、結構分かれるところです。文字でのコミュニケーションに抵抗ない、むしろこのほうが快適という方もいれば、いちいち書くのが面倒で、話したほうが早いという方もいます。

人とのコミュニケーションにおいて、どのやり方がその人にとって快適かは実は人それぞれです。テレワークの浸透で、よりそれが見えやすくなったともいえます。すると、自分はどういうやり方が得意か苦手かを知っておくことが、これまで以上に大事になってきます。当然ながらデジタルネイティブ世代が増えてくる今後、文字でのコミュニケーションが無くなることはないでしょう。抵抗感をなくす、自分の言いたいことを端的に伝えることができる、といったところまではしっかりと慣れておいたほうがよさそうです。

また、チームメンバー各自の得意なコミュニケーション方法を知っておくとよりスムーズに会話ができます。メンバー同士でコミュニケーションの取り方について話し、共有するのはおすすめです。メンバーの多様性を感じる機会にもなるでしょう。

得意なコミュニケーション方法は人それぞれ
多様性を認識する

大勢の前でも
話せる人もいる

文字で伝える方が
得意な人もいる

自分からはあまり
意見を言わない人もいる

状況や内容によって、個人差がある

図2-9　得意なコミュニケーションは人によって異なる

相手の「言いやすい環境を確認する」

　オンラインでのやりとりは相手の反応がわかりにくくなるため、仕事がやりにくいと感じることが増えます。これはどの組織においても共通の悩みです。自分が文字のコミュニケーションが苦手だと、なおさら大変さを感じられているかもしれません。少しでもそれを解消するために、前述のメンバーごとの好みの（または得意な）コミュニケーション方法を知ることからはじめてみてください。もしあなたがリーダーなら、リーダーからそれを聞いてくれることは、実はメンバーにとって嬉しいことなのです。その会話の中でお互いにスムーズにできそうな方法を見つけていきましょう。

　実はすでに、図2-10のように、人や話す内容によって方法を使い分けている人も多いでしょう。図のようなことを、**自分1人で決めて行うのではなく、相手と話しながら決める**のが大事なポイントです。自分1人で方法を決めて伝えるだけでは、相手の領域にズカズカと入って

いくようなもの。配慮がないやり方です。「こういうときはどれで話す
とラクかな？」「話した方が早いかなと思って今回は5分間つないで話
したけど、こういうやり方でよいかな？　チャットとかの方がよい？」
など、お互い気持ちよいコミュニケーションができるための会話をしま
しょう。

●図2-10　コミュニケーション方法も使い分けるとよい

■ テキストコミュニケーションのポイント

　文字でのコミュニケーションには限界がある点も認識しておきましょ
う。自らの気持ちを含め、伝えたいことすべてを文字に置き換えるのは
不可能ですし、抜け漏れも出ます。書き方による誤解も生じやすいのが
文字でのコミュニケーションのデメリットです。次の「テキストコミュ
ニケーションのポイント」を頭に入れながら慣れていくとよいでしょう。
　社内、チーム内ではチャットを活用しているところもあるでしょう。
メールは定型文やテンプレートが強いツールなので、会話調にはなりに
くい特徴があります。会話の代用ならチャットを活用するほうがよいで
しょう。チャットはリアルの会話を補うツールなので、メールのような
宛名（○○様）やあいさつ文（例：お世話になります）は不要です。本来の
ツールの意味が失われますので、あくまで1〜2行で端的に会話する

ように使いましょう。

テキストコミュニケーションのポイント

・ポジティブな言葉やお礼からはじめる（例：いいね！、コメントありがとうございます）
・「！」や顔文字を活用する
・丁寧語で書く
・１段落に５行以上は書かない。それ以上書いても２〜３段落（15行以内）までにおさめる

こうしたやり方はメンバー側からどんどん活用していくほうが浸透しやすいものです。文字でのコミュニケーションが得意な人がどんどんチャットや書き込みをしてチーム内を盛り上げていき、言いやすい書きやすい雰囲気をつくっていきましょう。

なお、オンライン上で長文を書くときはさらに注意が必要です。まず長文は読まれづらいということ、そして書き手も読み手も主旨を把握しづらいというデメリットが発生します。長めになりそうな文章やお知らせを書くときには、次のような工夫をいれるとよいでしょう。いくつかをマネするだけでもOKなので参考にしてみてください。

オンラインで長文を書く際のポイント

・３行まとめ　などを冒頭に記載する
・箇条書き、小見出しを活用する
・色を変えたり、太字で強調するなど文字の装飾を使う
・反応が必要な場合は、反応ボタンへのアクションを促す
　例）いいね！を押してください

長文の書きっぱなしは周りが反応に一番困るやり方ですので、それは避けましょう。

特に、チームやプロジェクト内でオンラインで長文で伝えたあとには、会議などの場で口頭でフォローする機会を必ずつくるとお互いに安心できます。

話しやすいようにミーティングルールを共有する

会議にあらわれる会社の組織風土

　心理的安全性の高い職場では、率直になんでも本音で話すことができます。しかし実際には、自分の職場で「なにを話しても大丈夫だ」と思える人は少ないかもしれません。みんなが「なんでも話せる職場だといいのに」と思っているのに、実際にそうならないのはなぜでしょう?

　わたしはこれまでさまざまな会社の会議に同席してきましたが、会議の雰囲気というものは会社によって大きく異なります。そして、**会議の雰囲気はその会社の組織風土を色濃く反映しています**。ある会社では、メンバーみんながとてもオープンでフラットで、リーダーが誰だかすぐにはわかりません。話し合いのしかたも双方向で、ユーモアを交えて活発です。時にはぶつかり合いながらも、真剣にあたたかい雰囲気で話しています。別の会社では、序列を重視した座り方で、重苦しい雰囲気が議場を支配しています。誰もが指摘や反論を恐れ、口数は少なめです。発言は型通りで儀礼的です。何か聞かれたときのために、おそらく使用しないことが明白な大量の補足資料を持参しています。

「言ってはいけない」は本当か

　面白いことに、自分の会社の会議の雰囲気やスタイルについて、当の社内の人は意外と自覚していません。入社したときからずっとそうやってきたので、「会議とはそういうもの」と思い込んでいることが多いの

です。本当はもっと違うやり方があるかもしれないのに、固定観念にしばられていると、そういう可能性があることが認識できません。

ミーティングでは、まずはルールを共有しよう

ミーティングの場で心理的安全性が高まらない、どうしても活発な会議にならない、というときには、**ミーティングがはじまるときに、ルールを共有してみましょう**。意図的に「ミーティングを停滞させよう」「攻撃し合う場にしよう」と思っている人はいません。それでもミーティングが停滞するのは、「会議とはこういうもの」という思い込みが原因であることが多いので、その固定観念を外すためにみんなでルールを共有するのです。次に挙げた例をすべて、ルールとして守らなくても大丈夫です。よいと思うものを1～2個選んで、ルールにしてみてください。

ミーティングのルールの例
- ・相手に関心を持って、話をじっくりと聴く
- ・率直に自分の言葉で語る
- ・一緒に考える姿勢を持つ
- ・肩書や立場をいったん外す努力をする
- ・正論で相手をやっつけすぎない

特に、「相手に関心を持って、話をじっくりと聴く」は効果的です。ミーティングでは、「何を話そうか」というところに意識が向きがちですが、実はしっかりと聴き合うということができると、心理的安全性が飛躍的に高まります。また一緒に考える姿勢なども、指摘や反論だけが飛び交うようなミーティングにならないための効果的なルールです。

気楽に、真面目なことを話す「オフサイトミーティング」

スコラ・コンサルトでは、組織風土を変えていくための1つの手法

として**「オフサイトミーティング」**を活用しています。オフサイトミーティングは、「気楽に真面目に、本音で本気で話す」ミーティングのスタイルです。上座・下座をつくらないために、椅子だけで円になって座り、お菓子や飲み物なども用意し、リラックスできる場をつくります。こういう環境の中で、ルールを意識し合いながら話すと、心理的安全性の高い話し合いの場をつくることができるのです。

　オフサイトミーティングは通常1泊2日など、場所を変えてじっくりと話すことが多いです。しかし、普段の職場での比較的短いミーティングにおいても、そのエッセンスを活かし、ミーティングの心理的安全性と生産性を大きく高めることが可能なのです。

オフサイトミーティングのスタイル

- 時間をたっぷりととる（90分〜2泊3日）
- 椅子だけで丸くなって座る
- お菓子や飲み物を用意する
- 場所を変える

Webシステムを用いた会議のルール

　最近では、TeamsやZoomを使ったオンライン会議も普通になってき

ました。チーム内でも出社している人もいれば、リモートワークをしている人もいるといったハイブリッドな働き方をしている組織も多いでしょう。そういうときの会議はオンライン会議で行うと思います。その際に、1台のPCに出社している人複数人で対応する（映る）ことは避けましょう。全員がリモートワークしているかのように、1PC1人で映るのがベストです。

　1対複数で行う会議のかたちでは、実は思っている以上に情報格差が生まれています。リアルの会議室で参加している人たちは、お互いの様子がよく見え、声もよく聞こえます。その一方で、リモートで参加している人たちは、声が聞き取りにくかったり、ポロッと言ったことを聞きもらしてしまったりするのです。些細なことのように見えて、そのせいで微妙にお互いに壁ができ、知らず知らずのうちにリアルで参加している人よりリモートで参加している人は発言の機会を失いがちになります。ストレスが生まれたり、力関係の差を感じたりするので、公正になりにくくなってしまうのです。

　全員がオンラインで参加する会議では、座席の優位性がまったくありません。上司だけ画面の枠が大きいなんてこともないので、発言のタイミングも、重なったら「どうぞどうぞ」と譲り合いになってしまいます。全員がオンラインになることで、本当の意味で立場が平等になり、発言にも影響を及ぼします。

　これはチーム内だけでなく、お客様とのオンライン会議においても同じですので、オンライン会議を行う際には、ぜひ1PC1台で対応してください。

オンライン会議でもそれぞれがPCを使うことが望ましい

●図2-11　オンライン会議でのPC台数の目安

16

「今どんな感じ？」と聞いてみる

相手の仕事の状況を把握しよう

難易度 ★★☆　頻度 ★★★　関連項目 5, 17, 24

意外と知らないリアルな仕事の状況

　あなたは、チームメンバーやリーダーの現在の仕事の状況をしっかり把握できていますか？　チームワークを通して、成果を上げていくためには、**互いの仕事の状況を「リアル」に把握している必要があります。**
　定例会議などで、仕事の進捗状況は話されていると思います。しかし、そういう場で話されているのは、いわゆる形式的な「報告用」にまとめられた話であることが多かったりします。リアルな仕事の状況を知ることで、チームで互いにサポートし合うことができます。「うまく進んでいると思っていたけれど、実際は違ったんだ。もっと早くわかっていたら、協力できたのに……」とは、ならないようにしたいものです。

分業と分断の違い

　多くの仕事は役割分担を通した分業によって行われています。しかし、分業はより大きなレベルでの連携があってこそ機能します。そうではなく、互いに無関心で働いているならば、それは分業というよりも分断です。**自分の役割を明確に意識しながらも、周りのメンバーがどういう状況なのか、仕事はうまくいっているのかをモニタリングする**ことが重要です。そうすることで、チームの機能が高まるとともに、「自分の仕事を見てくれている仲間がいる」「何か困ったらサポートしてくれる」という心理的安全性を高めることができるのです。

■ 「今どんな感じ?」と聞いてみる

　メンバーに「今どんな感じ?」と聞いてみましょう。軽く聴くと、相手も答えやすくなります。正確な仕事の進捗報告を求めているわけではないので、相手も気軽に、仕事がうまくいっているのか、どんな問題があるのか、報告会議では話さないような内情まで話してくれるでしょう。リアルな情報共有を通して、チームの質を高めていきましょう。

　とはいえ、こういった声かけに相手が反応してくれないケースもあるでしょう。普段からの会話がないのに、急に「今どんな感じ?」と聞かれても、何か急に自分のテリトリーに踏み込まれるような警戒感を持つかもしれません。そうならないように日頃から何気ない声かけをし合えるような関係をつくっておくことが大切です。

　「何かわたしにできることはある?」「困った時はサポートし合おうね」「互いに早めにSOSを出そうね」など日頃から声をかけ合うことで、いざという時の声かけがしやすくなります。

　私たちはチームワークの中で、相手の現在位置を理解し、自分の現在位置を他のメンバーの理解してもらうことで、安心してコミュニケーションがとれ、互いにリクエストを出し合うことができます。ぜひ、「今どんな感じ?」を活用してください。

17

「楽しくできてる?」と
メンバーに確認する

今の仕事に対してメンバーの「気持ち」を聞いてみよう

難易度 ★★☆ 頻度 ★★☆ 関連項目 11,16,18

■ 「楽しいか」というモノサシ

仕事の状況だけではなく、さらにメンバーの仕事に対する**「気持ち」をモニタリングする**ことで、あんぜんチームづくりをより促進することができます。

仕事がスケジュール通りに進んでいるか、仕事の質は十分か、そういう観点も大切ですが、「仕事を楽しめているか?」という観点も同じくらいに重要です。あんぜんチームにおいては、メンバーが活性化していて、主体的に自分で考えて行動するからこそ生産性が高いのですが、そのエネルギーの根源には「楽しさ」があります。

楽しさの反対は「やらされ感」です。メンバーが仕事を楽しめているか、それともやらされ仕事になってしまっているのか、メンバーに聞いてみましょう。

■ 仕事は楽しむものではない!?

昔は「仕事は厳しいもので、楽しいものではない」という考え方が一般的だったかもしれません。しかし、現在では、「仕事は厳しいものだけれども、楽しむものでもある」という考え方が主流になりつつあります。仕事を通して、ワクワクするような自己実現を目指す人も増えています。仕事は楽しいものではないという考え方にしばられて、日々の仲間との仕事を楽しめていないとしたら、もったいないことです。堂々と

「楽しむこと」を追求しましょう。

■ 「気持ちの状態」を知り合う

　楽しめているかどうか以外にも、「ワクワクしている」「不安だ」「ストレスフルだ」など、仕事に関する気持ちをメンバー同士で共有しましょう。**「互いに気持ちが共有できている」と実感できるチームには、強い一体感が生まれます。**聞き方は、ここでもシンプルでよいのです。

聞き方の例

　・「仕事は順調ですね。ところで、この仕事、楽しめていますか？」
　・「この仕事、どんな気持ちでやっているの？」
　・「今感じているのは、どういう気持ち？」

　気持ちを聴いたあとは、まずは次のように気持ちに寄り添って、「楽しいんだ。それはいいね」「そうかぁ。しんどいんだね」などと、共感の言葉を返すとよいでしょう。

　相手が悩みを抱えているようであれば、「もし何かできることがあれば教えてね」など、軽めに声をかけるようにしましょう。相手が気持ちを話したときに、「そう感じる原因は？」など、ズカズカと踏み込むようなかかわり方はNGです。相手もストレスを感じますし、もう今後は気持ちを話したくないと思ってしまうかもしれません。注意しましょう。

この仕事、
楽しんでる？

18

メンバーの仕事の
こだわりを聞いてみる

スキルだけではなく、仕事への想いを知り合おう

| 難易度 | ★★☆ | 頻度 | ★★☆ | 関連項目 | **17,65** |

　チームワークをよりよく機能させるためには、**お互いの最も強いところを活かし合う**ようにすることが大切です。そして互いの強みを発見するためのよい手がかりが「こだわり」です。「こだわり」は時には悪い意味で使われることもあります。「頑固である」「自己流のやり方に固執しすぎる」というニュアンスです。しかし、「こだわり」にはよい側面もあり「こだわり」を活かすことで、チームのパフォーマンスを高めることができるのです。

■ 「こだわり」を手がかりに、相手をより深く理解する

　メンバーの強みというと、PCのスキルや語学など、わかりやすいスキル面で語られることが多いと思います。しかし、強みにはより認識しにくいものもあります。たとえば、「Aさんは成果が上がるまで粘り強く仕事をやり抜く」「Bさんはいつもいったん相手の身になって考えることを習慣にしている」というようなものは、スキルほどわかりやすくはありませんが、とても重要な強みです。

　このような強みをあぶりだすためには、**相手の「こだわり」を聞いてみる**ことが役に立ちます。例を参考にしてぜひ質問してみてください。

　相手はあなたの質問に対して、「過去の失敗経験から学んだ」「いろいろ試行錯誤した結果、自分に一番よい方法を見つけた」「自分が夢中になれるやり方はこれだと思った」など「こだわり」の背景を語ってくれるでしょう。このようなことを互いに知り合えば、メンバー間の相互理

解と信頼感もより深く確かなものとなります。

「こだわり」を聞き出すための質問の例

・「あなたが仕事で大事にしていることは何ですか？」
・「あなたは、なぜこういう仕事のしかたをしているの？」
・「こういう仕事のしかたはしないと、心がけていることはありますか？」

■　こだわりを活かして仕事ができるようにする

　「こだわり」を聴くことで、メンバーの強みを発見したら、それをチームワークの中で活かしていくようにしましょう。仕事のさまざまな場面で、その仕事にふさわしいメンバーに登場してもらうのです。

　あるチームに「てにをは」や言い回しなど、文章の書き方にこだわりを持つAさんという人がいました。ある時、なぜそれほど文章表現にこだわりを持っているのかを聴いてみると、文意が曖昧な文書を顧客に出して、クレームと損害につながるという苦い経験をしたことを話してくれました。このチームではそれからは対外的な文書の確認をAさんにお願いするようになり、チームの仕事の質が向上したそうです。

　このようにすることで、メンバーの「こだわり」は、チーム全員が共有する財産となります。

こわだりを仕事に活かすと、みんながレベルアップできる！

●図2-12　こだわりはチームを助ける

95

19 メンバーの人生の転機を聞いてみる

大事にしていることや人となりなどを話し合う場をつくろう

難易度 ★★☆　頻度 ★☆☆　関連項目 55,58,65

■ 「人となり」を知り合うことで、チームワークの土台をつくる

　職場では誰しも「仮面」をかぶり、素の自分を隠して仕事をしています。もちろん、それが普通であり、悪いことではありません。しかしもし、そんな仮面を少し外して、お互いの人となりをより深く知り合えたら、相互理解と信頼感にあふれた素晴らしいチームづくりができると思いませんか？

　心理的安全性のベースとして最も大切なことの1つが、「互いのことをよく知っている」ことです。つまり相互理解が重要なのです。ここでいう相互理解とは、学歴や職歴、得意なスキルなどの表面的な属性ではなく、**その人の価値観や考え方、性格などのより深い部分に対して、互いによく理解し合う**ことです。

　知らない人と話すときに、相手がどんな人かわからないときは、つい相手を警戒してしまいがちです。しかし相手のことを理解できたと実感した瞬間に、警戒心が解けて、親近感が一気に高まるような経験をしたことはないでしょうか。このように心理的安全性のベースとして、相互理解はとても重要なのです。

■ 「みんな違って」も、安心感があるチーム

　誰かと話している途中で、実は出身地や趣味などに共通点があることがわかり、急に相手に対する親近感が増すような経験をしたことがある

方も多いでしょう。相手と自分の共通点をたくさん見つけて、親近感を高めることは確かに効果的です。しかし、本当に心理的安全性が高いチームをつくるためには、相手と自分の「違い」をよく理解することを通して、相手に対する親近感を高めていくことが必要です。

　誰しも自分と違う個性を持った他者に対しては、少し警戒してしまうものです。

　「なんであの人は、こんなことを言うのだろう」「自分だったら、絶対にこんなことしないのに」「こんなことをするなんて、あの人は間違ってる」など、わからないから、不安になったり、怒りの感情がこみあげてくることもあります。

　しかし、相手は相手で、自分自身の価値観や考え方、性格などにもとづいて行動しているのです。相手を知ることで、相手がなぜそういう行動をするのかが理解できるようになります。さらには、相手の自分と異なったところを「強み」として認識できると、チームのために積極的にその強みを発揮してもらおうという関わり方をすることができます。よく、お互いの異なっている部分を否定し合ってしまうことがあります。これは、相互理解という面でもマイナスですし、相手の強みを活かせないのでチームとしてとてももったいないことですね。

▓ 相互理解促進のための最強手法「ジブンガタリ」

　スコラ・コンサルトでは、メンバー同士の相互理解と信頼関係の醸成をとても重視しています。たとえば、新規にメンバーが入社したときは、ほかのメンバーすべて（約40名）と**「全員面談」**という対話の場を持ちます。これは1対1で90分〜2時間くらいの時間をかけて行う相互理解のための話し合いです。互いの人となりを知るための対話のことを、**「ジブンガタリ」**と呼んでいます。ジブンガタリでは、自分の生い立ちや、子どものころの夢、趣味やプライベートライフ、これからやりたいことなどを聴き合って相互理解と信頼感を深めていきます。

　中でも、特にパワフルな話題が「人生の転機」です。このテーマについて質問し合うことで、その人の「人となり」がどのように形成されてきたのか、その根っこに触れることができます。つまり、その人がどのような困難や挫折を経験し、何を考え、どう乗り越えてきたのかということから、その人の価値観や考え方、ものの見方を知ることができるのです。少し時間のかかる方法ですが、ジブンガタリをぜひ実践してみてください。

ジブンガタリで話すこと

・生い立ち、子どものころの夢
　→「どのような環境で育ってきたのか」
・趣味やプライベートライフ
　→「どんなことが好きなのか」がわかる
・人生の転機
　→「挫折などを経て、どのように現在の価値観・仕事観が形成されたか」がわかる

▓ まずは自分から人生の転機を話題にしてみよう

　2時間かけたジブンガタリを実施することができれば、大変強力な

信頼関係が構築できます。ただし、そこまで時間をかけて深く対話することは難しいかもしれません。しかし、そんなに時間をかけなくても、**日常の会話の中で、さりげなく人生の転機などを話題にしてみる**くらいでもいいのです。それでも十分に効果的です。まずは自分から、さりげなく自分の転機についてさらっと話してみてはいかがでしょうか。

転機について話すときの流れ

① 「実は以前にこんな困ったことがあって、それは自分にとって大きな悩みだった」
② 「そのときに、ある人に相談して、こんなアドバイスをもらった」
③ 「それは自分にとって、まったく新しい視点だったので、なるほどと思い、試してみるととてもうまくいった」
④ 「それ以来、わたしは仕事において、こんな考え方を大切にしている」

　相手の人はおそらく興味を持って聞いてくれると思います。あなたという人間についても、より理解と共感を持って接してくるようになるでしょう。またあなたの話に触発されて、自分自身の転機について、話してくれるかもしれません。

20 1on1の時間をとる

相手とじっくり向き合う時間をつくろう

難易度 ★☆☆　頻度 ★★☆　関連項目 6,7,18,19,29

■ 1on1の相手はリーダーだけではない

　一般的にいわれる**1on1**とは、リーダーとメンバーが定期的に1対1で話す時間のことです。オンライン中心となった職場の場合、どうしても雑談する時間が減るので、コミュニケーション不足を感じやすくなります。コロナ禍を機に1on1を制度化した企業、形骸化していたため新たに復活させた組織も多くありました。

　コロナ禍による社内のコミュニケーション不足という課題に対して、わたしたちサイボウズとスコラ・コンサルトは一貫して1on1をすすめてきました。わたしたちがすすめたのは、通常の1on1だけでなく、「①リーダーに限らず、同僚や同期なども含め、とにかく1対1で仕事や仕事以外の話をする時間をつくること」「②1on1というしくみがなくてもやってみること」の2つです。これはオンラインだけでなく、リアルの職場においても同様です。

　コツとして、改まって1対1で会議室で話すというよりは、一緒にコーヒーを買いに行ってみたり、ランチに行ってみたり……といったことから行うとはじめやすいです。そして、すでに、ある程度仲がよいメンバーとはこのようなことを実践されている方も多いでしょう。チームメンバー1人ひとりとそうした時間を増やしてみよう、くらいの気持ちではじめてみてください。

■ 誰にも必要な1on1のスキル

　仕事上の悩みやちょっとした相談ができる人がいることほど心強いことはないですよね。そうした相手がチーム内にいると安心します。そして相手からそうした相談を受けることも嬉しかったりするものです。相手から話がきたらじっくり傾聴しましょう。傾聴については多くの書籍がありますが、ポイントは次の2点です。

傾聴のポイント

　・相づちをし、節目節目で相手の言葉を繰り返す
　・自分の意見・感想は最小限にする

　チームメンバーとの会話を通して、あなた自身の傾聴力も高めていければ、よりあんぜんチームに近づいていくでしょう。

21 ランチ会を開催する

ご飯を食べながら雑談をしよう

難易度 ★☆☆ 頻度 ★★☆ 関連項目 10,60

■ ミーティングではないただのランチをする

日本は毎月のように季節イベントがある国なので、それに便乗してチームでの**ランチ会**を開催してみるのはいかがでしょうか。新年やお花見、暑気払い、紅葉狩り、クリスマスなど、チームで楽しい時間を過ごす機会を増やしましょう。

チームメンバーに異動があったときなどのランチ会はしたことある方も多いかもしれません。ランチミーティングとして、ランチを食べながら仕事の話をすることもあるかもしれませんが、ここでいうランチ会とは会議ではない、ただのランチのことを指します。わたしもランチミーティングは何度も経験していますが、正直食べた気になりません。なので、食べずに参加し、終わってから食べるということすらあります。

リアルでのランチ会では、企画して店を選んで、当日移動して、という全体の運営もチーム感がでる時間です。そういったことが得意なメンバーがいると心強いですね。オンラインだと、各自で用意するのが基本になりますが、「赤いもの」「花見っぽいもの」など1つテーマを入れてみて用意すると、イベント感が高まります。

そういう機会がつくりづらい場合は、ランチミーティングとしつつ、最初の30分は雑談タイム、後半で会議、といったところからはじめてみてはいかがでしょうか。

■ 「一緒にご飯を食べる」意味

　わたしたちは、「一緒にご飯を食べた」と聞くと、「その人たちは親しい」と思います。**人間は、五感の感覚を共有することで信頼関係を構築していきます**。特に、共有できないはずの感覚である触覚、嗅覚、味覚を一緒に経験することに重きを置きます。それが「一緒にご飯を食べる」ことなのです。「柔らかい」「固い」「香ばしい」「美味しい」などの言葉は、食べ物を表現するときに使います。人間という動物の本能として、こうした五感の身体性をともにすることは大事なことだと認識するようになっているので、「一緒にご飯を食べた」は関係性をつくるのに大きなポイントとなりやすいのです。

　最初からチーム全員でなくても数人からでもよいです。まずは少人数ではじめて、そこから季節のイベントに絡めて全員でランチ会を催す流れに持っていくやり方もあります。一緒にご飯を食べる機会をつくっていきましょう。全員が集まれるなら、もちろん夜の飲み会でもよいので、適した方法を探ってみてください。

ここからはメンバー向けの
Tipsを紹介していきます。
できそうなものから
やってみましょう！

第 3 章

リーダーとメンバーで
一緒につくる
心理的安全性

| メンバー編 |

メンバーができることは、
実は結構ある

意志を表示することがチームを助ける

■ メンバーとリーダーはすれ違っている!?

　第2章を見て、「自分ができることも結構あるな」と思われた方もいらっしゃるかもしれません。第2章は、リーダーとメンバーという立場にかかわらず、できること、した方がよいことを集めてみました。ここからは、一メンバーとして行動してほしいいくつかを取り上げています。わたし自身が日々の仕事の中でしていることも数多くありますし、実際にこうした行動をしている人が周りにいて、それを見たりしているので、すべて実践例です。もちろんすでにあなたが実践されているものもあるでしょう。**メンバーができることは、「事実を伝えること」「自分の気持ちを伝えること」の2つです。**なぜかというと、マネージャーやリーダーからよく出てくる悩みは、「メンバーが何を考えているのかわからない」「自分の伝えたことが伝わっているのか不安だ」「どんどん自分のしたいことを言ってきてほしい」というものが多いからです。

■ 「言うこと」と「反応すること」の重要性

　職場での上下関係にかかわらず、普段の生活での人間関係においても、相手が「何を考えているかわからない」と関係を築きにくいもので

このパートでは著者のわたしたちがリーダーの目線で、メンバーの方へのコメントをしていきます

す。「言ってくれればいいのに」とか「反応してほしい」と思ったことがある方もいるでしょう。なので、**メンバーとしてやるべきことは「言う」と「反応する」の２つなのです。**自分の意見や考えを知ってもらうための発言をすることから議論は始まります。もちろんリーダー側がやるべきことは、それを無下にせず受け止めることだとリーダー編の第４章でも記載しています。

「発言する」ことと「受け止める」こと。これが成立して初めて議論ができ、成果を出すためのあんぜんチームへの１歩となります。とはいえお互いの背景を知らない状況で、最初から何でもかんでも言ってしまうと、衝突が起こりやすいです。まず、どういうことから発言していけばいいのか、この章で学んでいきましょう。

「こんなことを言ってもいいかな？」という不安がなくなる関係性をつくることがこの本の、そしてこの本を手にとったあなたの目的です。そう思うことなくコミュニケーションするためのトレーニングを一緒に行っていきましょう。

同じことを言うにしても、言い方や表現のしかた、タイミングなどによって、好意的に受け止められたり、逆に相手から怒られたりと、相手の反応が異なることは多くの人が経験したことがあるでしょう。つまり、うまい発言のしかたを身につけることで、相手と良い関係性をつくることにつながるのです。

この仕事、やってみたいです！

ぜひお願いします！

ぜひ、臆せず実践してみてください。あなたのチームのリーダーもそれを望んでいると思いますよ

22 自分の得意と苦手を把握する

苦手な仕事を割り振られないためにも重要なこと

難易度 ★★☆　重要度 ★★★　関連項目 38,39

■ 苦手を「言語化」するということ

　チームで仕事をするにあたり、役割分担は欠かせません。役割分担には、1度分担したらずっとそのままの場合と、状況に応じて役割が変わる場合とがありますが、**大事なのは、「本人がその役割に納得しているかどうか」**です。

　サイボウズの新入社員研修で必ず行うプログラムがあるので紹介します。**「チームワーク創造メソッド」**と呼ばれるこのプログラムは、自分の「得意と苦手」を把握し、自分の苦手を補うためにどういう強みを持った人に助けてもらいたいかを考えるものです。こうすることで、自分の得意を活かしながら、ほかの社員の苦手を補う役割分担の重要性を学ぶことができます。このワークショップで大事なポイントは、「苦手を共有すること」にあります。

　たとえばわたしは、細かい作業が苦手です。Excelの複雑な作業になると「わたしの代わりに誰かやってほしい……」と切に思います。なので、わたしの苦手な細かい作業を補ってくれる人は、「細かい作業が好きな人」、より具体的には「Excelが得意な人」になります。こうした具

> 言いやすい言い方を考えてみたり、まずは
> 同僚と共有してみるだけでも十分です！

合に、自分の苦手を言語化していきます。「人前で話すのが苦手だ」「優柔不断だ」など、人それぞれある苦手を、どういう人に補ってもらうと嬉しいでしょうか。「人前で話す機会が出たときにはそれが得意な人に任せたい」「決められないから決断力がある人に補ってもらいたい」——このように苦手を言語化することで、助けてほしい人物像も具体的になっていきます。要は、自分の苦手を補ってくれるメンバーがチーム内にいれば一番よいのです。その人に助けてもらい、自分は自分の得意なことでチームに貢献できれば、協働の意味が出てきます。

苦手の共有がストレスを減らす

「強み（得意なこと）を活かそう」は聞いたことある方も多いと思いますが、「苦手を共有しよう」はあまり耳にしません。弱みや苦手は、言いにくいというのが本音でしょう。恥ずかしさを感じたり、自分の評価が下がったりするのではないかと不安に思うものです。しかし苦手を共有したうえで役割分担をすれば、自身の強みを活かしつつ、ストレスを減らすことにつながっていきます。

たとえば、前述の例で、「Excelが苦手です」とわたしがリーダーに伝えていない場合、リーダーはわたしがそれを苦手だと知らないので、Excelの仕事を依頼してくるでしょう。その場合、わたしは「えー、嫌だな」と思い、苦手だからなかなか手をつけず、締め切り間際で慌てるといったことが起こる可能性があります。そうした態度はリーダーの信頼も失いかねません。

しかし、あらかじめ「苦手だ」と共有することで、リーダーも「なかむらさんはExcelが苦手だ」と認識するので、その仕事を別の人や得意なメンバーにお願いすることができます。わたしは苦手な仕事をしなくてよくなるし、リーダーも自分が行った役割分担に自信が持てて、お互

メンバーの苦手が理解できると、リーダーもマネジメントがしやすくなります

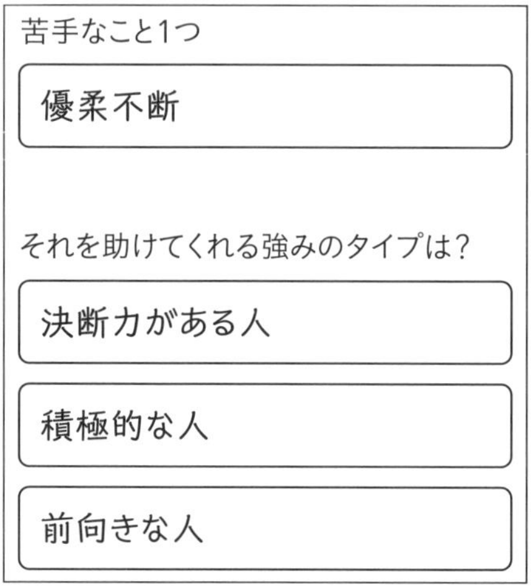

苦手なこと1つ

優柔不断

それを助けてくれる強みのタイプは?

決断力がある人

積極的な人

前向きな人

●図3-1　苦手を共有するワークシートの例

いwin-winとなります。伝えている場合と伝えていない場合のこの違い
は大きいです。**苦手を共有することが各自のストレスの軽減とチームの
業務の効率化につながっていく**のです。

　さて、あなたの得意なことと苦手なことはなんでしょうか？　役割分
担で大事なことは、各自がその役割に納得していること。そのために、
得意と苦手をリーダーまたはチーム全員で共有し、苦手を補い合ってい
きましょう。そこから役割分担ははじまります。

チームワークに必要な5つのポイント

　実はこちらは、第1章で記載した「チームワークの5つのポイント」
（図1-3）の2番目にあたります。チームワークに役割分担は必須。それ
を得意と苦手で行うと非常に効率がよいということです。サイボウズで

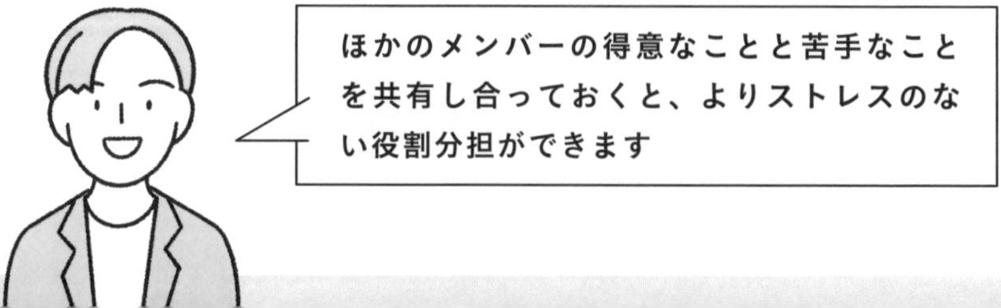

ほかのメンバーの得意なことと苦手なこと
を共有し合っておくと、よりストレスのな
い役割分担ができます

の仕事の役割分担はこれをベースに行っています。

　自分の得意と苦手を明確にしたら、その次はチームメンバーの得意と苦手を聞くことからはじめるとよりやりやすいでしょう。補い合えるタッグが組めたらお互いに嬉しいですよね。

　リーダーへの伝え方もいろいろな方法があります。「わたしは△△が苦手なので、その類の仕事をするのは正直時間もかかるし、迷惑かけたくないのであまり気が進みません。その代わり○○は得意なのでやります！」など、どう伝えるとお互いにとって良さそうか考えてみましょう。

　苦手を克服したい気持ちがある場合は、ぜひ頑張ってみましょう。「苦手なので少し時間はかかるかもしれないけどやってみます」などと、リーダーに伝えておくと両者とも安心ですね。ただし、こだわりすぎないことも大切です。延々とやり続けるのも終わりが見えない戦いになるので、「見切りをつける」こと、いったん割り切る必要性が出てきたら、「さっと切り替える」ことも忘れずに。得意なことに目を向けることも重要です。

計算が苦手なので、この作業は少し心配です。その分、プレゼン資料作りは得意です！

そうなんだね。じゃあ、これは田中さんに任せよう。その分、こっちをお願いね

苦手を聞くことは、リーダーにとっても勇気がいることです。みんなでワイワイ共有できるとよいですね

なんでも話せる同僚を チーム内につくる

「気持ち」を共有してストレスも軽減しよう

難易度 ★★☆　重要度 ★★★　関連項目 4,6,7,11,12

■ リーダー以外に話せる人を職場につくろう

　思っていることをそのまま伝えられる相手がいることは、自分の心をとても軽くしてくれます。それは職場だけでなく、生活の場においても必要なことです。

　なぜ、何でも話せる相手がいると心が軽くなるのか——それは自分の「気持ち」「感情」を話せるからです。仕事の話だけするのでは、わたしたちは「コミュニケーションがとれた！」とは思わないのです。五感を持つわたしたち人間という動物は、それらの**感覚を共有して初めて信頼関係を構築する**といわれています。

　特に職場においては、リーダー以外に「話せる人」をつくることが大事になります。リーダー・メンバーのタテの関係性は権力差もあり、評価する／される立場になることも多いため、逃れられにくい関係性になります。利害関係がないコミュニケーションができる相手がいることは、さまざまな意見やフィードバックを知り、関係の輪を広げることにつながります。コミュニケーションをとる相手の選択肢をたくさん持つことは、自らをその組織で泳ぎやすくしてくれます。

「いいと思う」といった共感の言葉からはじめるとスタートしやすいです。相づちや笑顔からでも大丈夫！　やってみましょう

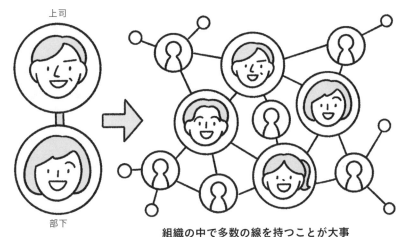

上司

部下

組織の中で多数の線を持つことが大事

●図3-2　理想のコミュニケーション像

　この節のタイトルにある「なんでも話せる」はもしかしたら言い過ぎかもしれません。**あなた自身が「自分の気持ちを素直に出せる」と思えればそれでよいのです。**そうした人をぜひチーム内につくっていきましょう。

■ 喜怒哀楽のセリフを出してみることから

　自分の気持ちを素直に話せる人のつくり方の1歩は、「自分の気持ちを話してみる」からはじまります。当たり前のようですが、これが難しい方もいるかもしれません。何も自分からあえて時間をとって「実は……」なんてことはしなくてよいです。会議のとき、ランチのとき、オフィスでのふとした合間など、普段の会話の中で、喜怒哀楽を感じたことを話してみることからはじめれば大丈夫です。

気持ちを話すのが苦手という方は、まずはボソッとつぶやいてみるとよいですよ。リーダーからすると、それでも十分です

「あのときこう言われていたの、わたしもそうそう！と思いました」

「ちょっとムカつきました（笑）」

「びっくりしました」

「笑えました」

「（お客様からこう言われて）悲しくなりました」

「嬉しいです」「ホッとしました」

コミュニケーションは「相手に反応すること」からはじまります。反応の言葉で「気持ち」を出してみましょう。そこから、「本当はこうだったらいいと思うんだけど」「ちょっとまだわからない／理解できてないです」といった**共感以外の違和感や現在の状況を伝えられるようになっていきます。**

逆に、自分の気持ちを話すことが得意な方もいるでしょう。そういう方は、メンバーの気持ちを引き出すための雑談をどんどんしてください。たとえば最近だと、コロナ禍だったこともあり、オンラインの関係性が中心の「リモート入社」の方もいるでしょう。そういう方の「気持ち」を引き出すお手伝いをするイメージです。

自分自身がリモート入社で、リアルでメンバーと会う機会がまだ少なめで、気持ちを素直に出せるまでの関係性にまだなっていない場合もあるでしょう。そういったときには、反応の言葉を喜怒哀楽の気持ちで伝えてみること、またはこのあとに26で紹介している「いいね！」と反応することからはじめてみましょう。

第2章の21 ランチ会を開催するなどはここでも活かせそうです

コミュニケーションの線を増やして、チームのエネルギーを活性化させよう

　何でも話せる人の数を増やしていくと、チームの活性度は飛躍的に高まります。たとえば、8人のチームを想定して考えてみましょう。8人のチームで各自なんでも話せる人が1人だけいる場合、「なんでも話せるコミュニケーション」の線はチーム内に4本しかありません。しかし、8人全員が他のメンバーすべてとなんでも話せる状態のとき、チーム内にある「何でも話せるコミュニケーション」の線は28本になり、1人だけの時に比べて7倍の線があることが分かります。

　このようにチームの中でのコミュニケーションの線が増えていくと、「Aさんには何でも話せるんだけど、他の人とは話せない」というようなことが少なくなり、「誰とでも本音で何でも話せる」チームの風土が醸成されていきます。つまり、多くの人が「何でも話せるコミュニケーションライン」を使って話をしていると、チーム全体の雰囲気が、「みんなで何でも本音で話そう」という雰囲気に変わっていくのです。

　コミュニケーションの量はすなわちチームのエネルギーの量です。たくさんのエネルギーが流通しているチームは、いわゆる「熱量の高いチーム」や「熱い仲間のチーム」となります。このようなチームではメンバーがチーム内に流通しているエネルギーに触発されて、自然と前向きな気持ちになり、モチベーションが向上していきます。

　キャンプのバーベキューのときに使う炭火を思い出してみてください。炭に着いた火はすぐに消えてしまいます。しかし、炭を寄せ合って、熱を集めることで、炭と炭が互いの熱を与えあって、消えずに長時間高温で燃え続けます。

　まずは1人からでよいので、少しずつ何でも話せる人を増やしていきましょう。それが、チーム全体を活性化させることにつながります。

気持ちの言葉が、上下関係なく、人の心を動かすものですよね

24 ほかの部署の人に「最近どう?」と聞いてみる

雑談を通して互いのことを知ろう

| 難易度 ★★☆ | 重要度 ★★☆ | 関連項目 6,25,31,60 |

■ 意外と高い部署の垣根

　他部署の人との関係においても心理的安全性を高め、あんぜんチームをつくることができます。

　組織風土の問題点などをヒアリングすると、必ず出てくるのが**「部門間連携の難しさ」**です。多くの組織が共通して抱える悩みごとといえます。確かに部門をまたぐコミュニケーションには、互いの利害が一致しない、文化が異なるなどの問題があります。しかし、一番大きな問題は、「互いのことを知らない」ことにあります。「互いの人となりを知らない」「互いの仕事の内容を知らない」「仕事の難しさや面白さを知らない」など、相互理解の不足が根っこにあるようです。

　メンバー側の気持ちとしては、部門を超えるコミュニケーションはリーダーを通して行わないといけないと思うのではないでしょうか。「リーダーを飛び越して、わたしが他部署と話すのは越権」とか「他部署と何か問題が生じたときにリーダーを通しておかないと困ったことになりそう」などです。確かに、昔のピラミッド型の組織では、リーダーを介して他部署とコミュニケーションをとるのは、いわば鉄則でした。

部署を越えた交流を図る機会が会社内であるとよりやりやすいでしょう。人事の方などはぜひ考えてみていただきたいです

116

しかし、最近のフラット型の組織では、必ずしもリーダーを通さなくても互いの部門のメンバー同士で、どんどんコミュニケーションをとることがむしろ推奨されています。リーダーもメンバーが自発的に他部署とのコミュニケーションを深めてくれることを喜ぶはずです。

■ 仕事のつなぎめの部分を一緒に考える

まず大切なのは、**いきなり踏み込んだ話をすることではなく、ベースとなる人間関係づくり**です。そのためにはやはり「雑談」が効果的です。ちょっと仕事の合間に話しかけるというやり方でもよいですし、一緒にランチに行く、まとまった時間（60分〜120分）を確保してじっくり話すなど、やり方はたくさんあります。自分のリーダーが、リーダーを飛び越してメンバーが他部署とコミュニケーションをとるのを認めてくれるかどうか不安がある場合は、このようにまずは近況報告や雑談などからはじめるとよいでしょう。

ゆくゆくは、お互いの仕事についても話しましょう。たとえば、仕事の「つなぎめ（互いの仕事の接点、連携するポイントなど）」について、意見交換をしてみましょう。すると、「実は開発部にはここまでやってほしかった」「今まで言えなかったけれど、もっと事前に話し合いをしてから仕事をスタートさせたい」など、仕事の成果を高めるためのアイデアが生まれてくるはずです。

ついつい遠慮しがちですが、話しかけられると嬉しいと感じる人は意外と多いものです

25 仕事の範囲外でも アンテナを立てておく

お互いに関心を持ち、おせっかいをし合えるチームになろう

難易度 ★★☆　重要度 ★★☆　関連項目 24,60,62

チームワークにおける分業と分断

　チームでよい仕事をするためには、メンバーの1人ひとりが興味関心のアンテナを広く持っていることが大切です。

　仕事は分業体制を通して行われます。しかし、あまりにも分業が進みすぎて、メンバーの関心が目の前の自分の作業だけにとらわれすぎると、逆に分業が機能しなくなり、チームが分断された状態になってしまいます。**チームを機能させるためには、「全体感」が必要です。**全体感を持つためには次のようなことに興味関心のアンテナを立てておくことが大切です。

全体感をつくるために確認すべきこと
・みんなで達成しようとしている大きな目標は何か？
・各メンバーの仕事がどのようにつながっているか？
・他のメンバーはいまどういう状態なのか？

サイボウズでは「横から失礼します。この件は……」など、コメントで「おせっかい」をすることが多いです。立場にとらわれずやってみましょう！

自分が担当する仕事は、他のメンバーの仕事と連動しています。**自分の仕事にだけしか興味がない状態だと、その連動部分がうまくいかなくなる**可能性があります。仕事には必ず役割分担のつなぎめがありますから、そこを越えて互いに興味関心を持ち、サポートし合うことが大切です。

おせっかいがチームワークを高める

　他のメンバーの担当範囲、またはリーダーの仕事に口を出す、手を出すことは気が引けると思う人もいるかもしれません。しかし、あんぜんチームづくりのためには、**互いにおせっかいし合う文化をつくることがとても効果的**です。

　リーダー、メンバーといっても役割に違いがあるだけで、本来人間としてはフラットです。そしてお互いの役割をしっかりと果たしていくためには、フラットに一緒に考えることが不可欠です。そのためには、まずは互いの状態に対して、しっかりアンテナを立てておくことからはじめることが望ましいのです。まずは、前ページにある「全体感をつくるために確認すべきこと」のチェックからはじめてみるのはいかがでしょうか。

メンバー

・リーダーの仕事に口を出すのは、おこがましいにもほどがある
・自分の仕事にまずは集中しろと言われそう

リーダー

・メンバーと一緒に考えたい（でもお願いしてよいのかわからない）
・いろいろメンバーから、意見や提案がほしい

図3-3　リーダーとメンバーのすれ違い①

リーダーから見ると、「おせっかい」できるメンバーは頼もしいと感じます

26

「いいね!」などの反応をしてみる

反応しない癖をつけないようにしよう

| 難易度 | ★☆☆ | 重要度 | ★★☆ | 関連項目 | 11,12,14,67 |

■ リアクションは世界共通

　リモートワークの浸透も相まって、Web会議システムや社内でのイントラなど、メール以外のツールを仕事で使う機会も増えたと思います。最近のツールには、チャットに手や顔の絵でリアクションができたり、記載したコメントにリアクションができるようになっているものも多いです。これらの機能を、相手に「確認しました」を伝えるために使う方もいます。

　こうしたツールの反応は、わかりやすく「気持ち」を伝えるためにあるものなので、ぜひ活用しましょう。やみくもに反応するのではなく、頻度は自分のペースで十分です。

　現在みなさんが使われているツールは日本以外の国で開発されたツールであることも多いため、実はこうしたマークは世界共通なのです。時差や言語の違いがあってもコミュニケーションがとれるように、世界共通のわかりやすいマークが必要なためにつけられている機能です。

　使い方に正解や不正解はありませんが、活用するほうがよい理由は2つあります。1つは、返信作成に時間を費やすよりはボタン1つで

リーダーのコメントにも、「いいね!」アクションをしてみましょう。ないよりはあった方が嬉しいです!　ぜひやってみましょう

済ませるほうが効率的であること。もう１つは、反応しない癖をつけないためです。反応をしないことが続くと、反応すること自体、たとえば「いいね！」１つを押すのにも、勇気が必要になってきます。それは、反応することへの抵抗感を生み、コミュニケーションテンポの違いを気にするようになってしまいます。

●図3-4　「いいね！」やリアクションの例

■ 無反応はあんぜんチームの一番の敵

仕事に限らず、**人とのコミュニケーションにおいて、一番やりにくいのは「何も反応がないこと」**です。投げかけた側も困りますし、そういうことがあると以後コミュニケーションは途絶えてしまいます。

ここでのリアクションボタンの話はあくまで例の１つです。チーム内のコミュニケーションをスムーズに、気軽に、少し楽しくするためにも、これならできるかも、と思われたらぜひはじめてみましょう。

リーダーもメンバーも、忙しさにかまけて、無反応にならないように気をつけたいですね

27

「実はこれをやりたい」を ピックアップしてみる

自らの想いを言語化してみよう

難易度 ★★☆   重要度 ★★★   関連項目 40,41,44,58

■ 「やりたいことがない」は本当か

　仕事を通して自己実現を求める人が増えています。そんな状況を考えると、職場で「自分が本当にやりたいこと」「なりたい自分の姿」を周りのメンバーと語り合うことができたら素敵ですね。しかし実際には、「何をやりたいの？」と聞かれると、答えが出てこない人も多いのではないでしょうか。

　いろいろな会社で、「仕事を通して実現したいことは何ですか？」と質問すると、よく「仕事なので、特に自分からやりたいと思うことはありません」「言われたことをやるだけです」といった答えが返ってきます。「そんなこと考えたこともない」と言う人もいます。これはこれで嘘ではないと思うのですが、その人が本当にやりたいことがないかというと、そうではないでしょう。**自覚ができていない、または言語化ができていないだけ**なのです。

　スコラ・コンサルトでは、互いに「何がやりたいの？」と頻繁に聴き合うことを習慣としています（新しいメンバーにとってはこれが結構ストレスだったりします）。ズバッと「これがやりたい」と答えられる時もあれば、

「やりたいこと」がすぐに出てこない場合は、「何ができるようになりたいか」で考えてみましょう

「うーん、今は考え中です」という時もあります。いずれにしてもしばしば聞かれることで、そのことについて「普段から考える」というスイッチが入るのがポイントです。

やりたいことに到達するまで語ってみる

　自ら振り返って、やりたいことが言葉として出てこないときは、少し時間をかけて、自分は何がやりたいのか、自問自答してみることをおすすめします。普段は無意識な自分自身についてよく考えを巡らせてみましょう。

　自分はどんなときにワクワクしているのか、自然と頑張れることは何か、周りのメンバーからほめられることは何かなどの問いがヒントになります。そして、できれば他のメンバーと同じような話ができるとなおよいのです。

　話し合いの中で最初から明確な答えが出てくることはありません。**言葉にならない想い、考えを雑然と口にして共有しましょう。**すると、面白いことに、雑然と話しているうちに、「そうか、自分にとって本当に大事にしたいことは、これだったんだ」というように、無自覚な想いに気づくことができるでしょう。少し考えて出てこないからといって、諦めてしまうのは、もったいないものです。粘り強く話すうちに、本当の自分の想いに到達できるのです。

> **やりたいことを見つけるための問い**
> ・自分がワクワクすることは何か？
> ・自然に頑張れることは何か？
> ・人よりもうまくできることは何か？
> ・他の人から、ほめられることは何か？

仮でよいので、「やりたいこと」や「ワクワクすること」を考えてみましょう。リーダーはメンバーが楽しく働いていたら嬉しいものです

リーダーもやりがいを持って働いてほしいと思っている

　自分がやりたいことを話すことに、恐れや抵抗感を感じる人もいるかもしれません。「そんなわがままを言って」とリーダーやメンバーから白い目で見られるのでは、という恐れもあります。しかし、最近ではリーダーもメンバーに対して、やりたいことを自ら表明して主体的に動いてほしい、と思っている人が多いのです。よくリーダーの人から「部下に何をやりたいのか聞いても、答えが返ってこないんです。かといってあまりしつこく聞くのもはばかられるのでどうしたらよいか困っています」という悩みを聞きます。リーダーもメンバーに自己実現へ向けて生き生きと働いてほしいのです。

「あくまでも仮説」と考える

　自分のことなのに自分がやりたいことがわからないという現象が起こる1つの原因に、「本当にそれが自分がやりたいことなのか確信が持て

①わたしがワクワクすること	
②わたしが自然と頑張ってしまうこと	
③わたしが人よりもうまくできること	
④他の人からほめられること	

⑤わたしが本当にやりたいこと（①〜④をヒントに考える）	

●図3-5　やりたいことを言語化するためのワークシート

主体的な言動を見せてくれるだけで、リーダーは頼もしく思うものです

ない」ことがあります。やりたい気持ちに嘘はないけれど、ほかにもありそうな気もするし、時とともに変わるかもしれない、本当にそれをやりたいことだと表明してよいのか自信がないというわけです。

　そういうときに必要なのは、今自分が考えているやりたいことは「あくまで仮説」と考えるということです。そもそもやりたいことは、時間とともに変わっていく方が自然ですし、何か思いもよらない人や出来事との出会いによって、大きく考え方が変わることもあります。だからといって、今自分がやりたいと思っていることに対して遠慮することはありません。それはあくまでも仮説なのですから。

　仮説は検証していくことが必要です。つまり、それが今自分はやりたいのだと「仮決め」して思い切り取り組んでみる。そして、実際に行動してみるとさまざまな学びや気づきが生まれます。そういう学びや気づきを振り返って、さらに自分のやりたいことに磨きをかけていくというサイクルをまわし続けることが大切なのです。

メンバー　　　　　　　　リーダー

- こんなことを言ったら、わがままと思われるのでは？
- 白い目で見られるのが怖い

- メンバーの自己実現をサポートしたいけれど、何がしたいのかわからない（話してくれない）
- 踏み込んで聞いていいのだろうか

●図3-6　リーダーとメンバーのすれ違い②

メンバーの意思が見えたとき、リーダーは
心強く感じるものですよ

28

仕事の「面白いところ」を探してみる

仕事にワクワクするような意味付けをしよう

難易度 ★★☆	重要度 ★★☆	関連項目 41,54,70

　ある企業の人事部の方と話していたときに、彼はこんなことを言いました。「僕は人事の仕事がずっと嫌いでした。社員を監視するような仕事だと思っていたからです。先輩からもそう教えられていましたし。でもあるとき、ふっと、これは人の人生を応援する仕事なのではないか、と思ったのです。それ以来、人事の仕事が面白くなり、自らたくさん勉強するようになりました。わたしはどうも人を応援することがとても好きなようです」、と。

仕事に自分がワクワクする意味付けをする

　彼のような経験をした人は少なくないでしょう。あるとき、ふとしたきっかけで仕事の醍醐味を経験する。別の角度から光を当てることで、それまでと違った仕事の面白さを発見する、などです。
　仕事を面白くするために必要なことは、仕事の意味を自分の頭で考えることです。ことさら意味を考えなくても、確かに日々の仕事はまわっていきます。しかしそれだけだと、どこかやらされ感や、自分が組織の歯車になったような虚しさを感じるかもしれません。結局、自分がワク

過去に嬉しかったことを思い出してみてください。先輩に話を聞いてみるのもよいかも

ワクするような意味を自ら発見することが大切なのです。そして**自分にとっての仕事の意味や面白さを見つけたら、それをメンバーと共有します**。あなたが感じる仕事の意味や面白さを理解することで、周りのリーダーやメンバーも可能な限り、あなたがワクワクしながら仕事を進められるようなサポートができるようになります。このように互いが感じる仕事の面白さを共有することで、チームの心理的安全性は大きく高まっていきます。

■ 仕事は与えられるもの?

　わたしたちはどこかで仕事の意味は、あらかじめ決まっていたり、誰かから示されるものと思っているかもしれません。しかし、仕事を意味付けるのはあなたの役割です。あなたに代わってそれをやってくれる人はいません。

　「自分が勝手に仕事の意味を定義したら、リーダーの考えとズレるんじゃないか」「自己流の考え方を人に話したら、笑われるのでは」「仕事だから面白いと感じてはいけないのでは」など、恐れを感じることもあると思います。しかし、実は多くのリーダーは、メンバーに対して仕事の意味や面白さを見出して仕事を楽しんでほしいと思っているのです。「彼はつまらなそうな顔で仕事をしているのだけれど、仕事が面白くないのかな」「メンバーにやらされ感を持ちながら仕事をしてほしくないんだけど、現状はどうなのだろう」など、このような悩みをリーダー側では抱えていることが多いのです。リーダーとメンバー、メンバー同士で、仕事の意味や面白さを話し合ってみましょう。

他社で働く友人に話を聴いてみると、斬新な答えが返ってくるかもしれませんよ

29

1 on 1の機会を
最大限に活かす

「ありがとう」と「ごめんなさい」を言語化する機会にしよう

| 難易度 ★★☆ | 重要度 ★★☆ | 関連項目 4,20,36,41 |

◼ モヤモヤを抱えないことが、あなたが「すべきこと」

　1 on 1のしくみが社内にあるなら、その機会を存分に活用しましょう。前述の「得意と苦手を共有する」機会にしたり、「会議の前半10分の雑談時間」を提案したり、ランチ会やお祝いごとを企画してみたり……。リーダーはメンバーからの提案を待っているものなので、第2章、第3章で紹介していることのどれかを提案してみるのも1つの手です。

　モヤモヤを抱えないで、あなた自身がスッキリした状態でいることは、大事な「メンバーがやるべきこと」です。そしてモヤモヤがスッキリしたら、「答えていただいてスッキリしました。ありがとうございます」と伝えることも、メンバーとして大事なことです。あなたのその言葉は、リーダーに勇気を与えます。この積み重ねでよい関係性が築き上げられていくのです。

◼ 「ズレ」を確認し、ありがとうに変換する

　反対に、1 on 1のしくみがないからといって、リーダーと話す機会をつ

「ありがとう」と「ごめんなさい」を素直に
言えることは、実はとても大事なビジネス
スキルです

くらなくてよい、ということではありません。しくみがなくても自ら話しかけにいったり、確認にいったりすることを、普段からしている人も多いでしょう。

　仕事をするうえで、自分の認識ややっていることが目標や期待と「ズレて」いないかをわたしたちは気にします。**長らく会話がないとズレは自然に生じていく**ものです。だからこそ、チームでの対話、議論が必要なのです。ズレが広がっていくとカバーすら難しくなることがあります。それを回避することが大事であり、それを回避するために言いにくいことも言い合える関係性（心理的安全性）が大事なのです。

　そして、ズレがわかったときに、「ごめんなさい。わたしの認識が間違っていたことに気づきました」や、「この時点で明確になってよかったです。ありがとうございます」と言える素直さと冷静さ、心の強さも必要です。つい相手を攻撃してしまいそうになったり、隠したくなる気持ちが出たりするのですが、それらをしても気まずい雰囲気になるだけです（わたしたちも何度も経験済みです）。

　実は1 on 1の場は、前の章にも書いてある「ありがとう」を伝える練習をするよい場です。過ちがあったときですらも、「この場で見つかってよかったです。ありがとうございます」というように感謝に変換することで、あなたの過ちは過ちでなくなり、リーダーやメンバーとの信頼関係がより深くなります。1対1で話す場を、「伝える」練習をする場として活用していきましょう。

1 on 1 の活用方法
①モヤモヤを抱えないために
　発散

②ズレを抱えないための確認
　➡「伝える」ための練習の
　　場として活用しよう

ここはこうなのではないかな？

確かに！教えてくれてありがとうございます

●図3-7　1 on 1の活用方法

1 on 1 の中では、「実は……」と、恐れず普段よりも一歩踏み込んだ話をしてみてください

30

他社や異業種からのインプットをする

自らの立ち位置を客観的に見よう

難易度 ★★★　　重要度 ★★☆　　関連項目 52,60,63

他社や異業種を知ることで視野を広げる

　チームメンバーの視野を広げ、視点を高めることは、あんぜんチームづくりに役立ちます。視野が狭く、視点が低い状態では、全体が見えにくいことから人は不安を感じやすくなります。つまり、チームの心理的安全性にもマイナスの影響が出るのです。

　自社の常識ではとても困難に思える挑戦でも、他社や異業種では当たり前にやっていたりすることがあります。そういうときは他社や異業種のことを知らないと不安になりがちですが、視野を広げて情報をインプットすることで、「自分たちにもできるはずだ」と前向きに考えることができるようになります。まずはあなたが他社や異業種の情報を調べて、その情報をチームで共有してみてはいかがでしょうか。

インターネットの時代、まずは検索

　情報が少ない中で自分の頭で考えることには限界があります。現在は幸いに誰でもインターネットを通して膨大な情報にアクセスできます。**何か気になることがあったら、すぐに検索することを基本動作として身**

ぜひ、外部セミナーなどにも参加してみてください。意欲的な部下は頼もしいものです

につけるとよいでしょう。さらには、Web検索だけではなく、実際に他社や異業種の人に会って話してみることも大切です。友達の友達などをたどっていくと、かなりの人にアクセスすることができます。人のネットワークを広げましょう。

■ 自社なりのやり方に固執しない方がよい

ひょっとしたら、「他社や異業種の情報を共有することはあまり歓迎されないのでは?」と考えている人もいるかもしれません。たとえば、リーダーから「他の会社ではそうかもしれないが、うちの会社には自分たちのやり方がある」と言われるのではという不安があるかもしれません。

確かに昔の日本企業では、「自社なりのやり方」へのこだわりは今より強かったと思います。しかし、現在はよい事例や成功例は積極的に学んでいこうという風に変わってきています。リーダーもあなたが新しい情報をチームに持ち込んでくれることに感謝するはずです。

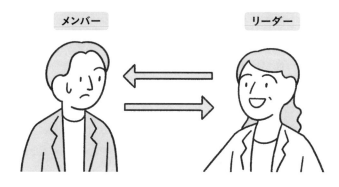

メンバー

リーダー

・「自社のやり方がある」と歓迎
されないのでは?
・他社を調べていると、暇だと
思われるのでは?

・自社のやり方を見直す情報や
視点がたくさんほしい
・メンバーが、視野を広げて考
えてくれることは大歓迎

図3-8　リーダーとメンバーのすれ違い③

他社や異業種はヒントの宝庫。視野が狭い
ことで起こる不安は、視野を広げることで
解消されるのです

正しいか、よりも面白いかが重要

どんな組織にも面白い人がいるものです。そういう人は、往々にして少し風変わりだったりするので、自然と距離をとってしまうことがよくあります。チームとしては心理的安全性が低い状態です。しかし、そういう面白い人もしっかり巻き込み、信頼関係を築くことで、チームは多様性を武器にして創造的な仕事ができるようになります。

イノベーションが求められる現在、実は**面白い人はとても重要な役割**を果たします。面白い人は、独自の視点から新しい意見を投げ込んでくれることが多いからです。正しいかどうか、効率的かどうかも大切なのですが、「面白いかどうか」というモノサシは、これからますます重要になってくるでしょう。あなたが面白いと感じることの中には、何かこれまでの常識にしばられない斬新な考えが潜んでいるかもしれません。

面白い人に近づいてみる

社内外にいる面白い人を避けるのではなく、積極的に近づいて、話を

面白そうな人と雑談したり、「今度雑談しましょう！」と話しかけることからはじめてみてください。そういう人も、案外喜ぶものです

してみましょう。「うちの職場にはいないなぁ」と思うときは、よくメンバーを観察してみましょう。面白い人は、誰の目にも明らかなときもあれば、軋轢を避けるために仮面をつけて偽装していることもあります。第2章で紹介した「ジブンガタリ」で、メンバー同士の人となりを深く知り合うことで、その人の隠れた面白さが見えてくることもあります。

■ 多様なメンバーが、面白さを出し合えるチームになる

　面白いと思う人と話すと、その人のユニークな視点に触れて、あなた自身の価値観や考え方にゆらぎが生じることもあるでしょう。そういうときは、あなた自身にとっての成長のチャンスです。普段は自覚できない、自分自身の価値観や暗黙の前提が浮かび上がってくるのです。その結果、あなた自身の殻が破けて、より大きな視点から考えることができるようになるかもしれません。

　新しいものは、多様な価値観がぶつかることから創造されます。したがって、面白い人が存分にチームの中でその面白さを発揮でき、互いに受け入れ合うようなチームの文化をつくっていくことが大切です。その第1歩として、面白いと思う人に近づいてみるとよいでしょう。

身を潜めている「隠れた面白い人」、実はたくさんいるものです。そういう人から刺激を受けられるとラッキーですね

発信してみる

自分が考えていることを伝える練習をしよう

難易度 ★★☆　重要度 ★★★　関連項目 51,52,56,64

■ いいな!を仲間に伝えてみる

　仕事の内容はもちろん、仕事以外の雑談をチーム内ですることの重要性は、これまでも何度も書いています。普段わたしたちは会話において、「今何をしているか」「今日何をするか」「こう考えた(思った)」「これは参考になった」といったことを話していますね。この節は、これらと同じことを**メンバーとの会話や文字で共有していこう**、という内容です。張り切って何かを「発信」するということではありません。

　たとえばここまでの内容の中だと、自分の得意と苦手をリーダーまたはメンバーに伝える、それで役割分担する提案をしてみる、「ランチ会しない?」とメンバーに聞いてみる、なども十分な発信ですし、すでにこうしたことをされている方も多いでしょう。

　いいな!と思ったことを周囲に発信することから物事は変化していきます。周りの反応がよく、共感者が多いようなら実行していけるし、反応がイマイチでもプラスの効果につながります。たとえば、イマイチの理由でよくあるのは、「実は過去にこういうことがあって……」というようなものです。すると、自分が知らない背景情報がわかります。その

発信が上手な人を観察してみる、も学びにつながりますよ

情報を得られたことで、相互理解につながるというわけです。

「いいな！」と感じたことを発信することで得られる情報や変化は、その後自分やチームの財産になっていきます。発信することで自分の考えがまとまることも多々あります。何もしないと当然何の変化も起こりません。何か変化を起こしたくなったら、自ら発信するところからはじめてみましょう。

業務に関することからでいい

参考になる本を読んだり、セミナーを聞いたりして、その内容をチーム内で共有したことがある方もいるでしょう。それも十分な「発信」です。

まずは、本やセミナー、記事の共有など、業務に関する内容で、「いいな！」と思ったことの発信を増やすことをはじめてみましょう。

「自分からの発信は苦手……」という人は、チームメンバーが発信したときに真っ先に「反応する人」になってあげましょう。それも大事な役割です。反応がない中で、発信し続けるのは寂しいものです。スタンプ1つでもかまいませんし、何か心に浮かんだことがあれば、ぜひコメントなどをしてみましょう。それも立派な発信の1つです。

「ネガティブな書き込みがあったらどうするの？」という意見もあるかもしれません。匿名でない状態でネガティブな書き込みが出るということは、強く訴えたいものがある場合が多いので、受け止めることが大事です。そういう発言が出てきたことで、新たなまたは潜在化していた問題が可視化され、解決へと動いていくのが、まさにあんぜんチームなのです。発信してくれないよりは、発信してくれたことにまずは感謝するところからはじめます。

あんぜんチームは何もポジティブな意見だけでできるものではありま

つぶやくのも立派な発信ですよね。些細なことでよいので、たくさん発信していきましょう

せん。第5章で出てくるノウハウを使いながら、一緒に解決に向けて動くチャンスとしましょう。

■ サイボウズの文化「分報」

リモートワーク中心になったサイボウズで、コロナ禍を経てもはや文化となりつつある行動に「分報」というものがあります。

分報とは、**その場その場で今の状況や感想、雑談などを記載してチームに共有する**取り組みです。1日のまとめとしてその日の活動を報告する「日報」やその週の活動についてまとめる「週報」よりもタイムリーであることが特長の1つです。Twitterのつぶやきと同様と捉えてもらうと、わかりやすい人もいるかもしれません。

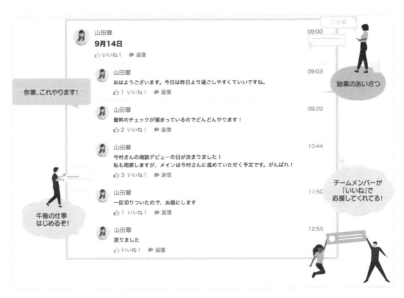

●図3-9　分報の例

自ら情報共有してくれると、リーダーはとても助かります

　分報には「今何をしている」といったことが書かれていたり、時には熱い想いが書かれることもあったりして、その人の情報発信の場所になっています。

　リモートワーク時においての分報のよいところは、自分が何をしているか書くことによって、「仕事していますよ」という証明になることです。また「今からこれやる」と書くことよって、本人もやる気がでてそのタスクをこなせるというメリットもあります。リーダーやチームメンバーは、分報を見ることで、その人の状況を把握することができ、「いいね！」ボタンを押してリアクションや、書き込みの内容を確認したことを簡単に伝えることもできます。

　もはや出社していても分報を書くまでになっていますが、**出社や在宅といった働く場所を超えて、どんな働き方をしていてもコミュニケーションがとれるやり方**として浸透しました。このわたしたちの事例を知って、自社のTeams内に自分のつぶやきの場をつくった、という方も多くいます。

> 発信や反応が少ないと、リーダーとしても
> 心細いです

33 チームに期待することを明確にする

チームワークの4つの成果をもとに考えよう

難易度 ★★☆　重要度 ★★★　関連項目 44,55

■ 望むことを「言語化」しよう

　今のチームでの仕事を通して、**自分は「何を得たいか」を明確にして**
おくと、目指すものが明確になり、モチベーションの向上につながります。
　第1章で「チームワークの4つの成果」（図1-4）について書きまし
た。1章では主にリーダーに向けて書きましたが、メンバーもこれを
もとに整理することは必要です。早速やってみましょう。
　チームワークがよいと4つの成果が出るといわれています。チーム
ワークがよいと目標が達成されます（効果）。チームワークがよいと1人
でやるより多くのことができます（効率）。チームワークがよいとチーム
の一員であることへの満足感が生まれます（満足）。チームワークがよい
とチームでの活動が学びやスキルアップにつながります（学習）。この4
つのうち、自分のチームはどうありたいでしょうか。あなたはチームで
どれを得たいでしょうか。1つまたは2つ選んでみてください。

文字で明確になると、ワクワクしてきます
よ。ぜひ、チームに期待をしてください

■ 「理想の共有」はチームに一番必要なこと

　自分がチームに望むものが明確になったら、それをリーダーに伝えてみましょう。発信することが大事だと、前節でも述べました。早速やってみましょう。あなたの発信によってリーダーは少しびっくりするかもしれませんが、実は嬉しかったり頼もしく思ったりもするでしょう。なぜならこれは前向きな話だからです。

　「いきなりリーダーに言うのは……」とためらいを感じる方は、まずは話しやすいメンバーに伝えるかたちでも大丈夫です。「なるほど。わたしはこうだな」「いいね！」などさまざまなリアクションが返ってくることでしょう。

　「いい雰囲気のチームにしたい」「あんな感じのチームならいいのに」といった、あなたが感じたことを明確な言葉にしていくことで、自分の望むものがよりはっきりしてきます。そして明確な言葉はあなたや周りの人を動かす原動力になっていきます。「こうありたい」といったあなたの「理想」を、自分が腹落ちする言葉に変換し、伝えていきましょう。チームに一番必要なものは「理想」です。**期待を言語化することは、「理想」を明確にすること**につながります。あんぜんチームを築きたいあなたにとって一番必要なことです。

このプロジェクトが終わったときに、それぞれが学びがあったと思える状態にしたいです

それはそうだね！そのためにどうすればいいだろうね？

全員がプロジェクトの何かしらに関わると、学びが生まれそうです

たくさん語ることで、理想も膨らんで進化していきます。そして、あなた自身の成長につながります

ここからはリーダーの方に
向けて、Tipsを紹介していきます！
自分がメンバーだったころの
気持ちを忘れずに

リーダーとメンバーで
一緒につくる
心理的安全性

| リーダー編 |

変化できるリーダーが最強で最高

自ら率先して「あんぜん」な環境をつくろう

■ 職場でよくあるすれ違い

　この本では、誰でも自ら小さな1歩を踏み出すことで、心理的安全性が高いチームづくりに貢献できるということを書いています。一方で、**あんぜんチームをつくることができるか否かには、リーダーの存在がとても大きな影響力を持つ**ことも事実です。リーダーはチームの中で大きな責任を担っていますし、評価や人事などの権限を持っていることもあります。リーダー自身は必ずしも自分自身の影響力の大きさを自覚していないかもしれませんが、実際にはメンバーはみなリーダーを注意深く観察しています。そして、自分がどれくらいまでならリスクを負っても大丈夫かを慎重に判断しているのです。

　たとえば、次のようなすれ違いは、どこの職場でも見られるのではないでしょうか。

よくあるすれ違い

リーダー：「うちの部署はみんななんでも言いたいことが言える職場だから！」

メンバー：（全然、本当のことは話していないんだけどな……）

ここからは、わたしたちがメンバー側の本音をコメントしていきます！

逆にいうと、リーダーのあり方をうまくセッティングすることができれば、あんぜんチームづくりに向けて、大きく前進するのです。

■ リーダーにとっても「小さな1歩」が大切

リーダーが「心理的安全性が高いチームにしましょう」といくら言葉で伝えても、メンバーは半信半疑のままです。メンバーはリーダーの言葉ではなく行動を見ています。たとえば、口では「あんぜんチームをつくりたい」と言っていても、何かのときに「メンバーの話を聞いていない」「メンバーの言動にいら立っているそぶりを見せる」「自分の考えに固執する」などの様子があったら、メンバーは大きなリスクを感じるでしょう。あんぜんチームづくりのためには、まずはリーダーが率先して行動を変えていくことが必要なのです。

そうはいっても、リーダーも人間です。これまでの自分はそんなに簡単には変わりません。ですから、いきなり自分を大変身させようとか、大きな行動変化に挑戦しようとかしなくてもよいのです。そういうアプローチは長続きしません。代わりに**できることからはじめて、「小さな1歩」をたくさん積み上げていく**アプローチが効果的なのです。

第4章ではリーダーが取り組むことができる、「小さな1歩」を紹介します。気負わずに、まずは小さな1歩を踏み出してみましょう。

リーダーの方はぜひ参考にしてみてください。実はメンバーもいろいろと遠慮しているのです……

■ 人の印象はどこから決まる?

　人の印象はどこから決まるのでしょうか?　「メラビアンの法則」とは、印象は、話の内容はほとんど関係なく、服装、髪型、表情、態度、声の大きさ、声質、話し方が93%を占めるというものです。わたしたちは、内容ではない部分に印象を大きく左右されているのです。

　リーダー、マネージャーとしてメンバーの話を聞くとき、ぜひこうした点に気をつけてみてください。相手が上司であるというだけで、メンバーは思いのほか緊張して話しているものです。緊張の中では、話したいことも話せません。そうしたことが生まれないような配慮が必要です。

　メンバーと話すときの自分の身体に気を遣ってみましょう。表題にあるように腕や足を組んでいませんか?　対面で向き合う、または少しナナメに座るのも相手の緊張をとるのによいと言われています。

　自分が相手に話を聞いてもらいたいときに、どのような態度をとってもらえたら安心して話せるか考え、それを実践してみましょう。

会話中にずっとパソコン見ていたり、別のことをしていることが多いと、リーダーとして認められなくなります

たとえばわたしだと、次のようなことを相手に求めています。

・話をするのに適度な距離である
・話をするのに適度な声量である（大きすぎず小さすぎず）
・相づちがある、適度に目が合うなど、聞いてくれていることがわ
　かる
・足や腕を組んでいない
・相手の表情が無表情ではない

１対１のときに限らず、チームでの会議においても実践していきましょ
う。

■ リーダーの言動は「所属の欲求」を満たす

マズローの５段階欲求（図2-4）にある**「所属の欲求」を満たすにあ
たり、リーダーの態度はとても重要**です。あなたはこのチームにいてよ

いのだ、必要なのだ、と、言
動でもしっかり伝えていく必
要があります。第２章の**04
まずは「ありがとう」と言う**
と重ねて実践してみてくださ
い。難しくないことですが、
この積み重ねがあなたの信頼
を高めていきます。

リーダーの言動には、いつもとても敏感に
なってしまいます。気をつけてもらえると
嬉しいです

会議のときは丸く座る

上下関係を感じずに、発言しやすい雰囲気をつくろう

難易度 ★★☆　重要度 ★★☆　関連項目 34,50,69

■ よくある会議の座り方が生み出す緊張感

会議の光景を思い浮かべてみてください。たとえば、次のようなものが思い浮かんだのではないでしょうか？

・四角形に配置された机と椅子
・上座、下座が決まっていて、序列に従って着席する
・会議の事務局は、部屋の隅に陣取り議事録をとる

このような会議のやり方が悪いわけではありませんが、心理的安全性を高めるという観点から言うといくつかデメリットがあります。

まず、四角形に配置された座席に沿って座ることで、お互いの表情が見にくくなります。そして、上座・下座という序列感覚を持ち込むことで、特に下座に座る人がリラックスして発言しにくくなります。事務局は会議の当事者というよりは、事務運営に専念しているように見えます。

このような会議スタイルはスタンダードになっていますが、実は参加するメンバーからすると無意識に緊張を強いられやすい形式なのです。

会議の内容に応じて、前半はこれまで通り、後半は円形で座ってみるなどもできそうですね！

人間は、物理的な環境の影響を大きく受けます。あんぜんチームをつくるためには、コミュニケーションの内容を改善することはもちろんですが、コミュニケーションを図る物理的な環境を整えることがとても効果的なのです。

■　チームワークを高めるためには「丸く座る」

　チームワークを高め、**あんぜんチームをつくるための物理的な環境として最適な座り方は、「丸く座る」**ことです。丸く座ると上座・下座のような序列意識が弱まります。また、メンバー同士の表情が見やすいため、コミュニケーションも円滑になります。何より、丸というかたちが、フラットなチームワークのあり方をとてもよく表しています。

　四角く座っていた会議を、丸く座るということをするだけで、一気に雰囲気がなごやかになり対話が進んだというケースもあります。できれば机も外して、椅子だけで丸く座るとひざを交えてで仲間と語り合っているような本当によい雰囲気をつくることができます。机がないことで議事録やメモなどが取りにくいことが懸念される場合は、ホワイトボードを活用して議論の要点をまとめるとよいでしょう。

　すべての場合で丸く座ることができるとは限りませんが、メンバーと活発な意見交換をしたい場合などは、丸く座ることを試してみることをおすすめします。

丸く座ると、序列意識が弱まって、フラットな気持ちになれるのが不思議です

36 相手の話を 3分聞き続けてみる

「でも」を封印して、「なんでも聞く」という姿勢を示そう

難易度 ★★☆　重要度 ★★★　関連項目 18,19,20,37

信頼関係をつくるには、まず話を聴くことから

人と人が**信頼関係を構築するとき**に、「**相手の話をじっくり聴く**」ことが**最も重要**であるといわれています。最近では傾聴のスキルは、ビジネスパーソンの必須の能力とされています。

とはいえ、リーダーにとってメンバーの話を本当に親身になって聴くことはそれほど簡単ではありません。また、聴くことを巡っては、次のようなリーダーとメンバーの認識の食い違いが起こりやすいのです。

ある日のリーダーとメンバーの心の声

リーダー：「今日の1on1では、メンバーの話をじっくり聞いたぞ。70％くらいの時間は自分が聴いていたと思う」

メンバー：「今日の1on1もリーダーが90％くらいしゃべっていたな。人の話を聴くということができない人なんだよなぁ」

そして、リーダーがメンバーの話を聴くことが難しいとき、そこにはいくつもの「恐れ」があります。

3分聞いてもらっても、その後リーダーがずっと話し続けるのはつらいです。そこは気をつけてほしい点かも！

148

■ メンバーの話を聴くことに対するリーダーの無意識の恐れ

リーダーが感じている恐れには次のようなものがあります。

恐れの例
- 自分が考えているのと違う方向に話がいってしまうのではないか
- 話がまとまらずに1on1の時間が終わってしまうのではないか
- メンバーの意見を尊重したら、自分のこれまでの経験が否定されるのではないか

このような恐れや不安を感じて、無自覚でメンバーの話が聴けなくなっているのかもしれません。そんなときは、**まずはメンバーの話を3分間聴き続けてみましょう。**

メンバーの話を聴いていると、「でも」と口をはさみたくなるときがあると思います。それでもグッと我慢してとにかく3分間聴いてみるのです。そして「そう考えているんだね」「よくわかったよ」など、メンバーの話をしっかりと受け止めましょう。メンバーの考えがリーダーの考えと違ってもよいのです。受け止めるとは、あくまでも「あなたがそう考えていることはわかりました」というスタンスにすれば、メンバーの意見の内容に賛同しているわけではありません。

まずはしっかりと受け止めてから、「そう考えている背景を教えて」「わたしの考えを言うね」という風に、対話を発展させていきます。ため込んでいた分、自分の意見をいろいろと言いたくなると思いますが、話しすぎないように注意しましょう。「話を聞いてくれていると思ったけど、結局自分の意見が言いたかったんだな」などと思われてしまった

ただ真剣に聴いてくれるだけで、メンバーとしてはリーダーへの信頼感がグッと高まります

ら、もったいないです。このような対話の流れをつくることができるか
どうかは、最初の3分間で聴き続けることにかかっているのです。

しゃべりすぎると……　　　不信感へつながる

自分の話ばかりしないように注意

3分間聴いたあとは、質問をしよう

3分間話を聴くことができたら、メンバーが話したことにもとづいて、
質問をしましょう。リーダーにとって、「よい質問をする力」は必須の
スキルです。しかし、実はうまく質問することは難しいのです。

①質問ではなく、詰問になっているケースに注意
　「これって、こういうことでしょ？」「僕はこう思うんだけど、どう？」
などの発言は、形式上は質問のかたちを取っていますが、実際にはリー
ダーの考えの押し付けです。メンバーは反論することが難しいので、
「はい」と言うしかありません。このような質問はもちろん悪い例です。

②閉じた質問（Closed Question）で会話の入口をつくる
　Yes/Noで答えられる質問、または答えが1つしかない質問のことを
「閉じた質問」といいます。

　これらの質問は深く考えなくても答えられるという特徴があり、会話

話を聴いてくれる人には自ら話にいきたく
なります。これが信頼ってことなのかなぁ

閉じた質問の例

「カレーライスは好きですか？」→「はい／いいえ」

「生まれた場所はどこですか？」→「佐賀県です」

の導入などには効果的であるといわれています。しかし、いつまでも閉じた質問だけをしていると、対話が深まりません。メンバーとじっくり話し合いたい時は、閉じた質問を入口としつつ、じきに次に説明する「開かれた質問」に移行していくようにしましょう。

③開かれた質問（Open Question）を活用する

　開かれた質問とは、すぐに答えが出ないような質問、本質を掘り下げる質問、自分自身と向き合う質問のことです。

開かれた質問の例

「あなたはどんなキャリアを思い描いていますか？」

「この仕事の目的は、誰にどのような貢献をすることですか？」

「生活と仕事のバランスをちょうどよくするためには、どうしたらいいだろう？」

　これらの質問は、パッと答えが出るようなものではありません。それでもこういう問いについて考え続けることはとても重要です。リーダーからはメンバーに対して、こういう開かれた質問をしてあげましょう。そうすることで、メンバーの考える力が育ち、またリーダーとメンバーの間で本質的な対話が行われることによって、相互理解の促進、課題解決についての本質的な洞察にもとづいた協働の促進など、大きな効果が期待できます。

リーダーや先輩から教えてもらいたいことや、話してみたいことがあるので、ぜひ雑談もしたいです！

37 ひと呼吸置いてから 話しはじめる

沈黙を恐れずに、落ち着いて会話をしよう

難易度 ★★☆　重要度 ★★☆　関連項目 18,20,36

　リーダーがメンバーの話を聴けない理由として、多くの人が口にすることに「沈黙が苦手」があります。確かにどんな人でも、**人と話しているときに急に沈黙が訪れたら、少なからず気まずい思いや不安な気持ちになる**のではないでしょうか。「メンバーと話していて、メンバーが黙ってしまい、沈黙に耐えられなくて、気づいたらわたしばかり話していました」というのは、リーダーの方からよく出てくる反省です。

沈黙は深い問いを考えている時間

　しかし、沈黙の瞬間は、実はコミュニケーションにおいて、とても大切なのです。通常、わたしたちの日常の会話は、それほど途切れることなくどんどん流れていきます。こういうときは、わたしたちはあまり深く考えておらず、相手の発言を受けたあと反射的に言葉を選んでスピーディーに対応しています。

　しかし、たとえば「あなたは仕事を通してどんな人生を実現したいの？」というような質問をされたらどうでしょう？　簡単には答えが浮かんできません。問われた人は、自分の内面に答えを探しに行かなければなりません。このようなときに沈黙が訪れます。

対話において、いい沈黙ができるようになるとよい関係性になってきている証拠らしいです

対話の中での沈黙とは、重要な問いに対して、相手が自分自身と対話をしている時間なのです。ここでリーダーが、沈黙に耐えられず、しゃべりだしてしまうと、せっかくの内省的な問いがムダになってしまいます。

> **よくある残念なコミュニケーションの例**
> リーダー：「(沈黙が気まずいなぁ……) じゃあ、別の話をしようか」
> メンバー：「はい (なんだ、せっかく考えていたのに、この話はもういいのね)」

■ ひと呼吸置いてから話す

　こういうときはまずはひと呼吸置きましょう。そして沈黙が続くようであれば、「よく考えてね」「何か考えが浮かんだら教えてね」というように、相手にもリラックスしてもらい、答えを待ちましょう。**沈黙は考えを深めるチャンス**だということをメンバーと日頃から共有しておくのもよいと思います。

　リーダーもメンバーから問われることのすべてに即座に答えられないといけないわけではありません。時には、「うーん、ちょっと考えさせてね」と時間を空けることも効果的です。リーダーが真剣に自分事として考えていることがメンバーにも伝わるでしょう。もちろん、そのまま放置せずに後でしっかりと質問に答えましょうね。

自分がじっくり考えている時に、沈黙に耐えられずにしゃべり始めてしまうリーダーは困ったものです

38 苦手な仕事はそれが得意なメンバーに任せる

助け合えるチームをつくろう

難易度 ★★☆　重要度 ★★★　関連項目 22,39,41,50

■ 「苦手を言えない症候群」は万病のモト

　自分の苦手や弱みを話すことには勇気がいります。一方でそれらを伝え「助けてほしいんだ」とお願いすると、いくらか肩の荷が下りるというのも事実です。

　第3章の部下編では、苦手を言語化し、それをどういう人に補ってもらいたいか明確にすること、自分の得意なことでメンバーの苦手なことを助けることができる役割分担が実現できたら最高だから、「自分の得意と苦手を確認し、それをリーダーやチームメンバーに伝えよう」と書きました（**22 自分の得意と苦手を把握する**）。これはリーダー・メンバー関係なく、チーム内全員で、お互いの得意と苦手を共有することで、効率的な役割分担をするのにとても役立ちます。

　リーダーだからといって、完璧である必要はありません。リーダーも1人の普通の人間。得意と苦手があるのは当たり前です。苦手な業務もあると思います。そのときに、「実はわたしはこれが苦手で……」と伝えることで、メンバーもリーダーを1人の人間として見るようにな

> リーダーから苦手を伝えてもらえると、メンバーとしても言いやすくなったり、協力的になりやすかったりします

ります。また、その仕事が得意なメンバーなら、「やりますよ！」と任されて嬉しいという気持ちが出てきて主体的に取り組み、その業務が効率よく片付くということもあります。苦手を共有して、助け合える関係性をつくることは、お互いにwin-winになることが多いです。逆に苦手を共有できないと、そのストレスと、仕事を抱えるストレスの両方が溜まっていきます。

メンバーの得意と苦手を知る

　「苦手だから手伝ってほしい」というお願いは、それが得意そう、できそうな人に頼んでみるのが王道ですね。**人にお願いするときに、わたしたちは無意識のうちに、その人がそれをできそうかどうか見極めています。**これを機に、改めてメンバー1人ひとりの得意なことと苦手なことを聞いてみることをおすすめします。そのうえで役割分担を見直し、誰かのストレス軽減ができれば、チームワークが向上していきます。
　助け合えるチームづくりは、得意と苦手の共有からはじまります。まずはリーダーから苦手なことを伝えるとメンバーも言いやすくなります。同時に、お互いの得意と苦手を知り合っていいチームになろう、と伝えることで、よりチームへの安心感が生まれていきます。

SNSのキャンペーンをやりたいんだけど、よくわからなくて……。何か案を考えてもらえないかな？

ぜひやらせてください！

苦手なことを受け止めてもらえると、とても安心します。やっぱり苦手を克服せねばという気持ちになってしまうので

39 メンバーの強みを見つけて、それが活きる仕事をお願いしてみる

得意なことが伸びる環境をつくろう

難易度 ★★☆　重要度 ★★★　関連項目 22,38,41,45

主体的に動いてもらうために

　チーム内でお互いの得意と苦手を共有して、役割分担しようという話をしています。この人はこれが得意だろうと思っていたことが、当たっていることもあれば「いや、実はこっちのほうがより得意なんです」と初めて知ることが出てくる場面もあるでしょう。**得意なことを相手に伝えることは、ぜひやってみたい、任せてみてほしい、という意思表示でもあります。**「じゃ、お願いしようかな」と依頼していくことで、あなたもラクになります。

　得意なことがわからない、というメンバーもいるでしょう。その場合は、あなたから見た「得意そうなところ、強みだと思えるところ」を伝えてみましょう。または、苦でないものは何か、と問いを変えて尋ねてみるのもよいでしょう。こうした会話から、リーダーは自分の話を聞いてくれようとしている、とメンバーは思いはじめます。このプロセスがチームの関係性をよくするためにとても大事です。

　強みを明確にして、それがどう役に立つかを言語化して伝えることがポイントです。

以前、「やっていても苦やストレスと思わないことは何かある?」と聞かれたことがありました。これって得意なことと一緒かもしれませんね

強みの声かけの例

・「いつも人の話をしっかり聞いているから、相づちとか合いの手をさらに入れながら商談の場にいてくれるとよりお客様が安心してくれると思う」

・「1つ1つ丁寧に仕上げるタイプだと思うので、時間をかけてもいいからこれをやり切ってみてほしい」

・「もしこの分析が苦でないなら、この点を追加してみると、より精度の高い提案書となってお客様だけでなくメンバーの視座も上がりそうだね」

まるっとお任せはNG

　得意を活かそうとして、「お願いするね」と言ったあとフォロー無しというのは絶対に止めましょう。進捗を確認しながら、お互いよいものに仕上げていく作業は、得意苦手関係なく必要です。リーダーとしてしっかりフォローしましょう。ここで推奨しているのは、あくまでリードを任せたり、**主体的に動いてもらう部分を得意な人にやってもらったりすることであって、まるっとその人にすべてをお任せすることではない**いのです。ここを勘違いすると誰もあなたについてこなくなります。そのまま放置することはリーダーとして一番やってはいけない行動です。

1つひとつ丁寧に仕上げるタイプだと思うので、時間をかけてもよいからこれをやりきってみてほしいな

ホッ

得意なことや強みで、周囲に貢献できるのが嬉しいですし、のびのびと仕事を楽しめます

仕事以外の「こうありたい」を聞いてみる

働き方に満足しているか確認しよう

難易度 ★★☆　重要度 ★★☆　関連項目 27,58,65

■ メンバーの「望むもの」の言語化とその実現の支援をする

チームメンバーそれぞれが、望み通りの働き方で働けていればそれに越したことはありません。少し前の働き方改革ブームやコロナ禍によるリモートワークの浸透など、働き方を取り巻く環境はここ数年で大きく変化しました。また人生の出来事に応じて働き方を変更することも特別なことではなくなってきています。

1つの働き方しかできない企業には人も集まらなくなっている中、**「自分がどう働きたいか」は、働く人すべてが常に考えるべき問いでもあります。**メンバーとの雑談や、1on1の場などにおいて、「働き方」について話す時間を設けていますか？

次のことを議題にするだけでも、意外といろいろな話ができたりするものです。そういうことはまったく気にしてなかった、考えたこともなかったというメンバーもいるでしょう。現状に満足しているようであれば、その確認ができたということでOKです。こうした話をすることで、メンバー1人ひとりの希望を言語化する手助けになります。「考えるきっかけ」を与えるのもリーダーの重要な役割なのです。

> どう働きたいかを話すことは、昨今ではむしろ推奨される内容になりました。じっくりこうした会話ができるとメンバーの信頼感も高まります

「働き方」についての質問

・今の働き方に満足しているか
・他社の事例でよいものを知っ
　ているか
・今後はどういう働き方をした
　いか
・時間だけでなく、場所や方法、
　ルールで不明な点、やりにくい
　点はないか

山田さんは故郷の実家のそば
で働きたいと言っていたな。
親との時間を大事にした
ほうがよい時期も、いず
れ自分にも来るだろうし
な……

　話を聞いて終わりにするのではなく、メンバーの要望や希望がどうし
たら実現できるか一緒に考えたり、時には他部署や人事も交えて話して
みたりといった行動も必要です。

**　メンバーが働きやすいように環境を整えることはリーダーの重要な仕
事**です。もちろんそうした環境整備が得意なメンバーと一緒に進めてい
くのもおすすめします。業務内容だけでなく、それを取り巻く「働く環
境」にも目を配らせてみてください。

自らの「望むもの」も言語化しておこう

　こうした話をするからには、自分の望む働き方についても考えておく
とよいですね。「リーダーはどう考えていますか？」とも聞かれること
もでてくると思います。メンバーと働き方の話をしてお互いの理想を共
有し合い、そうなるように行動していくことはお互いにとってモチベー
ションの向上につながります。業務に集中できる環境をつくるためにも
必要な会話です。

仕事とそれ以外を合わせた「トータルな人
生」が充実することが重要だと感じます

41 相手の「これしたい」「こうできるようになりたい」を引き出す

「できるかどうか」を最初に考えないようにしよう

| 難易度 ★★☆ | 重要度 ★★☆ | 関連項目 22,27,44,58 |

■ 「○○したい」を表明することへの恐れ

　活力あるチームをつくるためには、「○○すべきだ」という義務感だけではなく、「○○したい」という想いや意欲をメンバーの中に育てていくことが重要です。リーダーにはメンバーが本当は何をしたいと思っているのか、どうなりたいと思っているのかを引き出す役割があります。

　チームの中で、「〜したい」という想いを表明することは、次のような恐れもあり、それほど簡単ではありません。

メンバーが感じる恐れの例

「わがままだと思われるのではないか」

「やりたいことを言う前に、まずはやるべきことをしっかりとやらなければ」

「そんなできもしないことを、と笑われそう（怒られそう）で怖い」

　目の前には、やりたいことの前にやるべき仕事が山積しており、そん

「○○べきだ」の話だけしていると疲れてくるんですよね。関係を深める必要性を感じなくなります

な中で自分の夢や想いのような青臭いことを語るのは気が引けるという人も多いでしょう。日本人は特に周囲からわがままだと思われることを恐れる傾向があります。しかし、リーダーはメンバーのそんな青臭い想いこそ、積極的に引き出してあげるとよいのです。

　想いを語る（吐き出す）と、話した人はエネルギーが高まります。自分の想いを言語化してみて、改めて自分がどういう人間で、何を目指しているのかということを自覚します。

「まずはできるかどうかは考えないで」と伝える

　メンバーが自分の率直な想いを語りにくい原因の1つは、「できるかどうかわからないことを語るのは無責任だ」というような「気持ちのブレーキ」がかかることです。しかし、**気持ちにブレーキをかけたままだと、思考や発想はどんどん縮こまってしまいます。**そして、エネルギーも弱くなっていってしまいます。

　リーダーとして、「まずはできるかどうかは考えなくてよいので、自由に話して」と伝えましょう。そうするとブレーキが外れて、メンバーから率直な想いが出てきます。大胆な想いも含めて、すべての想いを語ってもらったあとに、最初に取り組むこと、中長期的に目指すことなどを一緒に整理していきましょう。

青臭いことをあえて語り合うと、自分も周囲もモチベーションが高い状態になる気がします

42 困ったらヘルプを出しやすい環境をつくる

心配や不安を早めに共有するしくみをつくろう

| 難易度 ★☆☆ | 重要度 ★★★ | 関連項目 16,45,62 |

■ 一目でわかることと、出しやすいことが大事

わたしのチームでは、現在の仕事の許容度をお腹の具合に例えて、毎週の定例ミーティングで共有しています。

こうして共有することで、今チームのメンバーがどういう状況かが一目でわかります。

お腹の具合以外にも、信号（青黄赤）で示したり、気分を天気（晴曇雨）

	定例の日付	作成者	今週・来週の状況	相談
12	2023-02-01	相田	腹ペコです！	
	2023-01-25	中村	腹八分目	
	2023-01-25	志茂	腹八分目	
	2023-01-25	新島	腹八分目	
	2023-01-25	鬼頭	もう食べられません…	
1	2023-01-25	高田	腹ペコです！	
1	2023-01-25	相田	腹ペコです！	

●図4-1　自らの状況を置き換えて報告する例

アラートをあらかじめ出せるだけで、メンバーとしては安心できます。腹ペコ表現、ぜひやってみてほしいかも

で示したりするなど、チームによってさまざまです。こうして**何かに例えたほうが、アラートを出しやすい**というメリットがあります。

言葉の変換の例

これ以上仕事はできません！　→もう食べられません
まあまあいっぱい or ちょうどいいです　→腹八分目
余裕あります！　→腹ペコです！

アラートを出すことと、それを一覧にする目的は次の２つです。

・今こういう状況だから手伝ってほしい、と本人が言いやすくなる
・チームに追加の仕事が入ったときにリーダーとして対応がやりやすくなる

「いいな」と思ったら、ぜひやってみてください。図4-1のようにツールを使うほか、日報の冒頭や文末に書くなどでもできます。
　ヘルプを出しているメンバーが出てきたら、その会議の場や1on1の場などで詳細を確認しましょう。減らしたいものやなくしたいものを教えてもらい、そこから効率的な方法を話し合うのがベターです。
　具体的には「何に一番時間がかかっているか」「何が無くなる（減る）と少しラクになるだろう？」と聞いてみて、そこから改善案をお互い話し合うという流れです。
　メンバーのヘルプの無視・放置は絶対にやってはいけないことです。一緒に改善策を考える姿勢を示すことが、信頼されるリーダーへの1歩です。分担を考えたり、そもそも自部署でやるべきなのかを考えたりなど、メンバーのヘルプを業務改善のきっかけにしましょう。

ヘルプやアラートが出せない職場は、きついです。働き続けられないなぁと感じます

43

「立場を外して話すね」と言ってみる

たまには上下関係を意識しない関係性をつくろう

難易度 ★★☆　重要度 ★★☆　関連項目 48,49,69

■ 序列を大切にする日本人

　心理的安全性を低下させる要因の1つに組織の中の**「序列意識」**があります。**あんぜんチームをつくるためには、序列意識のしばりを解きほぐして、できるだけフラットな関係性を構築することが重要**なのです。

　エリン・メイヤーの研究をまとめた書籍『異文化理解力』（英治出版）によると、日本のビジネス文化は序列に従ってコミュニケーションをとる階層主義の傾向が強いそうです（日本に限らず、アジア地域は階層主義が強い）。昔に比べると日本企業もだいぶフラットな組織運営の方へ進んできていますが、よく見ると、いまだに重層的な階級や役職を反映した机の並び方、席次や発言の順番など、いたるところに序列を再確認するための儀式が根づよく残っています。そして、もちろんこのような上下関係を意識するとき、人は発言することにリスクを感じやすくなり、心理的安全性は低下するのです。

　このような序列意識が強い組織では、「リーダーは尊敬されるべき」という規範が強くなる傾向があります。必ずしもリーダーとメンバーの仲が悪いわけではないのですが、メンバーはリーダーを常に立てること

肩書はあくまで、理想を実現するための「役割」です。そう捉えるくらいがちょうどいいことが多くなっている、と以前セミナーで聞きました

を意識していますし、リーダーに対してリスクがある言動をとることを
徹底的に避けるのです。

■ リーダーから率先して上下関係を緩める

昔から、どこの組織にも権威的なリーダーがいる一方で、役職が高い
のにオープンで現場のメンバーとフラットにコミュニケーションをとれ
る上司がいました。このようなリーダーに対してメンバーは信頼感やな
んでも相談しようと思える安心感、一緒に頑張ろうと思える一体感を感
じるものです。

こういう人は意図的に上下関係を緩めるということをやっていまし
た。昔は飲み会なども多かったので、そういう場で、「今日は無礼講だ
から」と言って、メンバーの愚痴や不満などにも耳を傾けるなど、積極
的にメンバーとフラットな関係をつくろうと努めていたのです。

現在では飲み会の場ではなく、日々の仕事の場で時には上下関係を緩
めたフラットなコミュニケーションをとることが必要です。そして、ま
ずはリーダーから「今日は立場を外して話すね」と伝えて、リーダーと
いう鎧を外してメンバーと話しましょう。リーダー自身も自分の役割や
責任を意識しすぎて、自分の本当の声をメンバーに伝えられていない可
能性があります。こういう**フラット**な場を日常の仕事の中に導入して、
上下関係を緩めてみましょう。

メンバーに目線を合わせてくれるリーダー
は本当に話しやすいです。なんでも相談で
きるという安心感があります

44

仕事のゴールを共有する

難易度 ★★☆ | 重要度 ★★★ | 関連項目 27,33,41,55

モチベーションについて知っておこう

モチベーションという言葉をわたしたちはよく使いますが、改めてそのしくみについて十分に理解しておきましょう。モチベーションとは「理想を実現するためのやる気」です。

とてもわかりやすい例を使うと、「筋肉をつけたい」「試験に合格したい」といった「必ず実現したいもの」があるときにモチベーションは生まれます。逆に「必ず実現したいもの」がないときは、モチベーションは湧きません。

これまで各章で伝えてきた「チームには理想が必要」「自分のやりたいこと、できるようになりたいことを明確にしておこう」という話は、このモチベーションの話にもつながります。**人間は理想に向かって行動する生き物なので、自分の目指すところが明確であることが必要**なのです。

仕事の全体像やゴールを明確にする

自分のやっている仕事が、何のもしくは誰の役に立っているのかわか

ここに書いてある2つのポイントを必ず伝えるようにするだけで変化は起こるらしいです。確かに働きやすくなるかも

166

らないことは苦痛につながります。リーダーがそうしたことを示してくれないから不安だ、と若手が悩んでいる姿をわたしたちはさまざまな組織で見てきています。仕事が「作業」になっていないでしょうか？　ただ単に作業をすることで生まれるチームの成果には限界があります。

　メンバーがモチベーション高く働ける状態をつくるのがリーダーの仕事です。モチベーション高く働ける状態は「必ず実現したいもの」があるときに実現します。

　この仕事はどういう流れの中の、どの部分のことなのか、それがわかるようになると仕事が面白くなったという経験はリーダーであるあなたにもあるでしょう。そうした面白さをぜひメンバーにも味わってもらいましょう。こうなったらゴールだ、と到達地点を伝えることでやる気の出るメンバーもいます。**ぜひ、「全体像を示す」こと、「到達点を伝える」ことを実践してみてください。**それだけでメンバーの顔色は変わってきます。

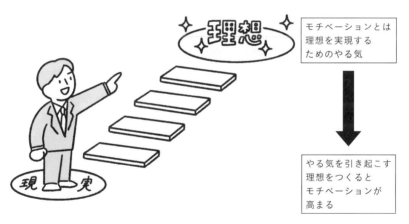

モチベーションとは理想を実現するためのやる気

やる気を引き起こす理想をつくるとモチベーションが高まる

●図4-2　モチベーションが生まれるしくみ

ゴールの見えない仕事ほどつらいものはありません。どこへ向かっているのか、何のためにこの仕事をやっているのかを知りたいです

45 プロセスを確認する

メンバーをよりよくサポートできるしくみをつくろう

難易度 ★★☆　重要度 ★★★　関連項目 39,42,44

■ 「2割報告」のすすめ

　仕事の進捗を確認するときにやりがちなのが「結果を確認し、結果が伴わなかったときに追及する」ことです。

　リーダーとして、結果を知りたい気持ち、そしてダメだったときに「なぜ?」と思う気持ちがあるのは当然です。しかし、このコミュニケーションのやり方は、「上からの視点」「管理的なもの」「威圧的なもの」といった印象が強くなり、あんぜんチームとかけ離れたチームになりやすくなるものです。

　こうしたコミュニケーションを避けるために、**「2割報告」**をおすすめします。2割報告とはその名の通り、お願いしている仕事が「2割くらいできたら教えてね」と伝えておき、都度の進捗ごとにお互い話し合いながら進めることができるようにする仕事のやり方です。2割の段階で状況を確認し、方向性に問題がなかったら、さらに2割進んだところで共有し、を繰り返すことで、「聞いてない」「言ってない」「想定外で困る」「ちゃぶ台返しをする（振り出しに戻す）」といったことが減ります。

過程をしっかり確認してくれるとメンバーは安心できます

ある企業でこうしたしくみに変えたところ、お互い安心しながら仕事ができるようになり、業務スピードが上がった、という話を聞いてから、「すごくいいしくみだな」と思ったのでさまざまなところで紹介して、実践してもらっています。

1on1での仕事進捗の確認のしかた

　もう1つわたしたちが紹介している、仕事のプロセスの確認方法に、**「数値に置き換えて話す」**方法があります。

　現在の仕事の状態を0〜10のうち、どの段階か教えてもらい、そこから話を進めていくやり方です。「スケーリング」ともいわれるこの確認のしかたは、数値化することでお互いに客観的に話ができ、次の1歩が進めやすいというメリットがあります。

メンバーとしては、結果だけを追求されるとつらいです。プロセスを一緒に考えてくれるリーダーだと嬉しいです

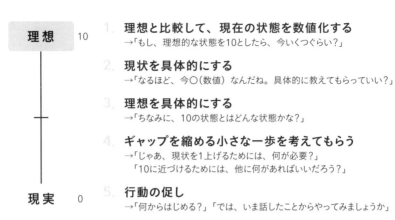

理想	10	**1. 理想と比較して、現在の状態を数値化する** →「もし、理想的な状態を10としたら、今いくつぐらい?」
		2. 現状を具体的にする →「なるほど、今〇(数値)なんだね。具体的に教えてもらっていい?」
		3. 理想を具体的にする →「ちなみに、10の状態とはどんな状態かな?」
		4. ギャップを縮める小さな一歩を考えてもらう →「じゃあ、現状を1上げるためには、何が必要?」 「10に近づけるためには、他に何があればいいだろう?」
現実	0	**5. 行動の促し** →「何からはじめる?」「では、いま話したことからやってみましょうか」

●図4-3 　仕事のプロセスを数値に置き換える方法

2割報告やスケーリングをやることで得られる効果には、次のようなメリットがあります。

メンバーとリーダーのそれぞれのメリット

●メンバー

・不安が解消された

・質問しやすくなった

・仕事が進めやすくなった

・こまめに報告する習慣がつき、リーダーへの信頼感がアップした

●リーダー

・状況把握がしやすくなった

・不安や問題を抱える人が減った

・問題が大きくなる前にキャッチアップできた

・メンバーの困りごとを支援できた

・リーダーとしての役割が果たせていると思えるようになった

報告して、と言われても迷うこともあるので、進捗報告のパターンがあると情報共有がしやすいです

プロセスの確認を入れるだけで、お互いこれだけの効果がでてきます。やらない理由はありません。このような「しくみ化」で心理的安全性を高めることも可能です。

コミュニケーションを生み、問題を未然に防ぎ、適切な状況判断ができるようにぜひ実践してみてください。

■ 決定事項だけ話すのはNG

ちなみに、一番やってはダメなことは、決定事項だけを共有・連絡することです。「決まったから」とだけ言われても、人は戸惑うだけです。これは普段の生活の場においても同じですよね。わたしたちは決定事項だけを伝えられると「なぜ、そう決まったのか」「誰が決めたのか、または誰の意見か」など、決定事項の背景情報を必要とします。納得するための情報がないと不満を抱くだけなのです。

関わる人の納得性が高いと成功確率が高くなるともいわれています。「目先の仕事だけやってもらえばいい」という考えは、あんぜんチームを生みません。かえってチームから離れていく人をつくる原因になります。

業務効率を上げるために確実に効果がでる方法の1つに「プロセスの見える化」があります。たとえば、自部署によく来る問い合わせをFAQにまとめて誰でもアクセスできるようにするなど、自分たちの部署・チームの仕事を見える化していきます。これにより仕事の属人化が防げて、業務効率が上がり、チーム意識も高めることができます。

現在はさまざまな業務ツールもあるので、昔よりこうしたこともやり易くなっています。

メンバー1人ひとりがスムーズに仕事に集中できるように取り計らうのがリーダーの仕事。プロセスの確認と見える化で、メンバーをサポートしていきましょう。

途中段階でミスに気づいてもらえると安心できます！

46 「いろいろな考えや意見を 聞きたい」と伝える

アイデアが出やすくなる場をつくろう

難易度 ★★☆　重要度 ★★☆　関連項目 15,35,57,66

■ リーダーに意見を言うことへの恐れ

リーダーは自分たちの仕事をよりよくするために、メンバーの率直な意見を聴きたいと思っています。「わたしたちのチームの仕事をよりよくするために、みんなの意見をどんどん聴かせてほしい」というようなことを実際にメンバーに伝えたことがある方も多いのではないでしょうか。

しかし、**メンバーからすると、本当にどこまで自由に意見を言ってよいのか迷う**こともあるでしょう。

メンバーからリーダーへ意見を言うことには誰しも躊躇があります。「以前、思っていることを率直に話しすぎてリーダーから否定的な反応をされた」「意見を話したのに結局否定されて終わった」など、苦い経験がしこりになっている人もいるかもしれません。

リーダーからの否定的反応の例
「面白いけれど、もっと実現性が高い意見を言ってくれないか」
「なんでも話してくれと言ったけれど、そんな意見は望んでない」

「何でも言ってよ」って言われても困るメンバーは多いと思います。言いやすい環境づくりからはじめてほしいです

172

◼ メンバーはリーダーの的を外さないように気をつけている

　メンバーのほとんどは、**リーダーの「なんでも話して大丈夫」という発言は、「（リーダーの許容する範囲の中で）なんでも話して大丈夫」という意味だと受け取る**ものです。ですからどこまでも慎重に発言します。リーダーの的を外さないように気をつけているのです。

　メンバーに本当の心理的安全性を感じて、自由に話してもらうためには**35　会議のときは丸く座る**で紹介したように、物理的環境を整えることも効果的です。そして、メンバーに「いろいろな考えや意見を聴きたい」と伝えましょう。

◼ 突飛な意見を面白がって、メンバーにあんぜんを体感してもらおう

　メンバーに本当に自由に話してよいのだと実感してもらうためには、明らかに的を外しているようなことがわかる大胆な意見が出たときに、リーダーがそれを面白がるなど、歓迎している姿勢を示すことが効果的です。そうすることで、メンバーは体感的に「ここでは本当に自由な意見が求められているのだ」ということを理解し、率直な意見を話すようになります。

クリスマスなので、社長に変装してもらうのはどうでしょう？

アハハ。面白いね！インパクトは十分

ここまでやるんだ！という想いも伝わりますよ！

リーダーが突飛な発言を面白がってくれることで、安心感が生まれます

47 会議を整理する

リーダーシップを誰もがとりやすいチームにしよう

難易度 ★★☆　　重要度 ★★★　　関連項目 15,35

■ メンバーに会議を任せてみる

　チームの会議の場において、何となくいつもリーダーが進行役になっていることは多いですが、**思い切ってメンバーに会議の進行役をしてもらう**のはいかがでしょう。たまたま会議と出張が重なったり、体調不良になったりした際は、会議を別の人が進行することもあるでしょう。わたしたちもそういうときは抽選で進行役を決めたりしています。

　たとえば進行役を持ち回り制にすると、参加者全員が進行役になることで、雰囲気や流れが毎度少し異なり、程よい緊張感が出て効果的です。とはいえ、いきなり「次の会議から持ち回りにしよう」と言っても、メンバーも戸惑います。いきなりはじめるのではなく、現在の会議について整理しながら分担するとメンバーの理解と納得も深まります。

■ 会議の整理のしかた

　会議の種類は、主に図4-4のように4つあります。参加者に伝える、周知することがメインの「報告」「連絡」の会議、より多くの人から意

会議時間は柔軟にしてもらえたら嬉しいです。すべて60分など一律である必要はないのでは？

見をもらう「相談」が主となる会議、ゴールが承認である「起案」の会議です。まずは自分たちが行っている会議を区分けしてみましょう。

未来
（優先度高）

起案：企画を出し承認を得る

相談：意見をもらう

連絡：周知したいことの共有

過去
（優先度低）

報告：状況の報告

●図4-4　会議の区分け

　区分けすることで、優先順位が明確になります。チームの成果につなげるコツは、将来に向けた議論の会議を優先することです。優先順位が明確になるとともに、それぞれの会議の「適正時間」も再確認できます。連絡・報告に1時間かけるよりは、相談・起案に時間をかけることが大事です。また、会議の種類ごとに参加者の役割が明確になります。

情報共有・起案

意思決定・判断の背景を伝える

起案者

承認者

質問・意見

周囲のメンバー

●図4-5　会議の役割

会議での役割が明確になることで、安心して発言ができるようになりました

進行役の決め方

　報告連絡の会議のときは、報告連絡する人と聞いて確認する人に役割が分かれます。相談の会議は、相談者が参加者に「意見を募りたい」と事前に伝えておくとよいでしょう。そうすることで、その会議での各自の役割が明確になります。

　進行役は、相談者自身が行うのがよい場合もあれば、相談者ではない人が進行役になるのがよい場合もあります。**内容によって異なるので、進行役を誰に任せるかの判断はリーダーと相談者で事前に話して決めておきましょう。**

　起案の会議は起案者が進行するのも手です。これも相談の会議と同様、事前に他の参加者に何を求めるか明確にすると、意義ある会議になります。

　このように、メンバーと一緒に今ある会議を整理しながら、内容や時間の見直し、役割分担を明確にしてみましょう。ムダな会議ほどやる気を削がれるものはありません。会議の整理は、ムダやストレスをなくすことに対してリーダーが前向きである、とメンバーに伝えるのに最善の行動です。実践する中で、チームの雰囲気も変わってくるでしょう。

　そのうえで、それぞれの会議にあった進行役を決めて、各自がリーダーシップをとりやすいチームにすることが、あんぜんチームかつ成果を出すチームにつながっていくのです。

「共有」が危険や失敗を防止する

　「あれ？」と思ったときや、違和感を持ったときにすぐに確認できたり、尋ねられる体制をつくっておくことは、危機管理においても重要な

いきなり進行役をやってと言われたら緊張するかも。事前に相談してもらえたら、前向きに取り組めます

ことです。ヒヤリハットという言葉もあるように、その先に起こり得る危険を未然に防ぐためにも、日々の業務における違和感、想定外に起きたこと、知らなかったこと、学んだこと、失敗談を「当事者とそのリーダー」だけでなく「チームで共有」することが大事です。

　他の人も認識することで、組織全体のミスや事故の防止につながります。誰しも、「自らのミスを共有するのは恥ずかしい……」と思うものですが、同じことを起こさないためにも必要な共有です。そうしたことを伝えながら「共有する文化」をチームにつくっていきましょう。

　定例ミーティングなどの場では、仕事の進捗を共有するだけではなく、こうした事項の共有が一番必要です。**ノウハウが積み重なることでチームの対応力の範囲が広まる**からです。毎度ではなくとも、月に1回など定期的に業務進捗以外の議題で、成功話や失敗話、ヒヤリハットなどを共有する時間を設けることで、チームの文化になっていきます。

　前述の報告・連絡・相談・起案に分けた会議のなかで、こうしたノウハウが共有されることもありますし、会議を整理したうえで、追加で「学び」という名の会議を月に1回設けるなどもよいでしょう。「何をする会議か」「参加者が何を期待されているか」を明確にするところから始めていきましょう。

お客様向けの資料で、前任者の方のお名前のままになっている箇所があり……

送信前の確認として、誰かとダブルチェックしたほうがよいと思いました

進行役が変わると会議の雰囲気も変わりますよね。その人らしさがあって面白いです

48 主語を「会社」や「組織」ではなく「自分」にする

つたなくてもいいから自分の意志を見せよう

難易度 ★★☆ 重要度 ★★★ 関連項目 57,68

■ 「わたし」を主語にすることの大切さ

　会社やチームの方針や目標をメンバーと共有するとき、つい「会社」や「事業部」など、大きな主語を使って報告してしまいがちです。

大きな主語での報告の例

「会社の今年度の方針と目標は次の通りですから、それに沿ってしっかりと頑張ってほしい」

「事業部の方針がこうだから、うちのチームの方針もこうなります」

　もちろん、会社や事業部などの全体がどこを目指しているのかというビジョンや全体目標をしっかりと理解しておくことは大切です。しかし、「会社」「事業部」などの大きな主語で語られることに対して、わたしたちはどこか距離感を感じてしまいます。**方針や目標は、上位方針をしっかりと理解したうえで、できるだけ「わたし」という主語で語るようにする**ことが大切です。

決まったことだけを伝えるやり方は、聞き手に不満を与えます。プロセスや自分の想いを交ぜながら伝えてほしいです

きれいな演説より、つたない自分の言葉の方が人を動かす

「わたし」を主語にすることで、自分は具体的に何がしたいのか、何にコミットしているのかが明確になり、その実現のために頑張ろうというエネルギーが湧いてきます。

「わたし」が主語の報告の例

「このチーム方針は、わたしが以前から挑戦したいと思っていたテーマなので、今わたしはとてもワクワクしています。みんなと一緒に楽しんで取り組み、周囲をあっと驚かせるような成果を上げたいと思っています」

そして「自分」を主語にして語ることは周囲の人にも大きな影響を及ぼします。リーダーは特に、「自分」を主語にして、自分の言葉で語ることが求められています。**リーダーの本気が伝わることで、メンバーは自分も頑張ろうと思う**のです。誰の本気も感じることができないきれいな演説よりも、たとえつたなくても、自分の言葉で述べられたメッセージは迫力と説得力があります。その説得力がチームのエンジンとなるのです。

自分主語で語るときのポイント

・全体方針を自分自身はどう受け止めたかを語る
・自分自身のやりたいこと、夢、想いなどを語る
・時には弱みも見せる（正直、自信があるとは言えない。助けてほしい、など）

リーダーが「会社が」「組織が」と言っているのを聞くと、自分がないのかな、とツッコミたくなります

49 役職や立場を忘れ、「本音」を言ってみる

「本音」を吐き出す機会を自ら増やしていこう

難易度 ★★☆　重要度 ★★★　関連項目 43,59

■ メンバーはリーダーの気持ちを推測している

メンバーはリーダーの言葉からさまざまなことを感じ取っています。言葉そのものの内容というよりは、言葉の背後にあるリーダーの本当の気持ちを推測しているのです。

よくあるメンバーの推測

- リーダーは役職・立場を背負って、そう言っている（言わざるを得ない）のか
- リーダーはどれくらい本気なのだろうか
- リーダーの真意はどこにあるのだろうか

たとえば、リーダーの言葉の内容が「みんなで一緒に頑張ろう」という前向きなものであったとしても、言葉の裏にある「自分も本当はこの目標ではやりたくない」というネガティブな気持ちが伝わってきたとき、メンバーは混乱します。

リーダー自身が自分の上司やリーダーと本音で話せていると感じると、わたしも本音でリーダーと話したくなります！

■ リーダーが本音を話すと、メンバーも本音を話すようになる

　メンバーとチームで仕事をするときに、リーダーが特に大切にしたいのは、できるだけ「本音を語る」ことです。なぜなら**メンバーが本当に聴きたいのは、リーダーの真意だからです。本音で語られる言葉には力があります**。メンバーは本音の言葉には真摯に反応しますが、建前や社交辞令のような薄っぺらい言葉には適当に反応します。本音以外の言葉に反応しても結局自分が損をするだけだからです。

　しかし、本音を語ることはなかなか勇気がいります。組織は建前で動いていることが多いからです。特にリーダーのような役割や立場を背負っている人が本音を話すと、建前がゆらいでさまざまな波紋を起こしかねないのです。

　もちろん誹謗中傷や乱暴な言葉や個人攻撃などは避けるべきですが、**本当に心理的安全性が高いチームをつくるためには、本音のコミュニケーションができるチームの雰囲気をつくることが不可欠です**。そして、リーダーの言動はよい雰囲気づくりに大きく貢献します。

　リーダーが率先して、時には本音を吐き出すことで、メンバーも安心して本音を話すことができるようになります。「ここまでは話しても大丈夫だ」という基準として、メンバーはリーダーの言動を慎重に見ているのです。そしてメンバーが本音を話しはじめたら、よく話しを聴きましょう。「これはちょっと言い過ぎかな」と思うような発言もリーダーが受け止めてくれたら、メンバーは安心感を覚え、もっと話しても大丈夫だと感じるでしょう。

リーダーの本音が聞けると安心します。建前に反応しても自分が損するだけですから

メンバーから本音が出てきたときは、はじめの応対が重要

　普段職場では言ってはいけないと思われているような「本音」が会議の中で出てきて「場が凍る」ことが起こった場合、最初の応対が重要です。こういう場合、反射的に発言を抑え込みたいと思う人も多いと思います。しかし、一度抑え込まれてしまうと、二度とこのような発言は出なくなります。したがって、即座に否定するような応対は避けましょう。

NGな返答の例

「ちゃんと場をわきまえて発言してください」（否定）

「ま、そういう意見もあるけれど。他の人はどうですか？」（そらす、流す）

「そんな考えは甘いんだ。だいたいいつも君は〜」（攻撃）

「また〜、そんなこと言っちゃって」（茶化す）

　「本音」が出ると、みな少なからず動揺しますから、上のような反応が出ることも無理はありませんが、グッと我慢して、まずは感謝を伝えてみてはいかがでしょうか。「言いにくいことを、言ってくれてありがとう」「ありがとう。みんなの本音が聞きたいと思っていたので助かります」などと言うとよいでしょう。そのうえで、本音で話してくれた相手に対して、リーダーとしても本音で応えるようにしましょう。自分の胸に去来する率直な想いや考えを伝えるのです。

　「正直、今の発言については、まだ受け止められていない自分がいます。みんなもこの件について一緒に考えてほしい」「今の意見を聴いて、とても驚いています。少し頭を冷やしてもよいですか」というように、いかにもリーダー然とした態度をつくろわなくてよいのです。戸惑って

リーダーの最初の一言で、今後の接し方が決まることは、実は結構あります。受け止めてくれると次も話そう、と思います

いるなら戸惑っているなりに、そのことを伝えてみるのがよいでしょう。そして、その本音の問題提起について一緒に考えようということを投げかけるとよいと思います。

　このような応対をすることで、メンバーはある意味問題発言かもしれない「本音の発言」も、ここでは丁寧に扱ってもらえるという安心感を持つでしょう。

本音を隠さざるを得ない環境では、人のこころは冷めていく

　本音でコミュニケーションをすることの大切さが明らかですが、逆に本音でコミュニケーションができない環境に長く居続けると人はどうなるのでしょうか。

　そういう環境で、長く本音を隠し続けることで、人のこころは少しずつ冷めていきます。チーム、会社、仲間、上司とのこころの距離感が広がっていきます。本音で話せない関係というものは、「仲間と思えない関係」です。距離感がひらいて冷めた関係の中で、自分は自分と割り切って仕事をするという雰囲気のチームになってしまうのです。

会社が掲げた目標は確かに高く、私も戸惑っています。まずは私の上司と率直に話し合ってみたいと思います

本音を隠し続けていると、自分はこのチームにいてもよいのかなと不安に思います

最終章は、みんなで
できることを
集めました

難しく
見えることも
あるかもしれません

でも、一歩を
踏み出して
やってみましょう！

第 5 章

みんなでつくる
心理的安全性

のびのび働ける環境を構築する

みんなで実践すれば、あんぜんチームへの大きな1歩が踏み出せる!

　これまでの章で紹介してきたノウハウのように、あんぜんチームづくりは、あなた1人からはじめることができます。そして、あなたが1歩を踏み出したことで、**周りのメンバーも一緒に取り組んでくれるようになったら、あんぜんチームづくりは一気に加速します。**

　第5章では、チームのみんなで実現する心理的安全性が高い環境づくりのノウハウを紹介します。これまでの章で紹介してきたものよりも少し難度は高いかもしれませんが、チームメンバーで協力することで、大きな効果を発揮することができます。チームや会社の状況に合わせて、ぜひ実践してみてください。この章の内容を「うちの会社でもすでにやっていることだな」や「すぐに実践できそうなことばかりだ」と感じられたのなら、会社として心理的安全性が生まれているという証拠です。

目指すべき目標の共有が大切

　この章で紹介するノウハウの中には、たとえば「どんなチームになりたいかを話し合う」のように、一見心理的安全性というテーマと遠く見えるものもあります。心理的安全性と言えば、人と人との関係性やコミュニケーションのしかたの話というイメージが強いですから。

　しかし、「どんなチームになりたいかを話し合う」ことは、次のようなプロセスで、チームの心理的安全性を高めることにつながります。

なりたいチームに変化するための流れ

- ・どんなチームになりたいかを話し合う
- ・メンバーが思い描いている理想のチームのイメージが互いに共有される
- ・「わたしたちみなにとってよいこと」のイメージの擦り合わせができる
- ・安心して、互いに対して1歩踏み込んだ関与やおせっかいがしやすくなる（心理的安全性）

心理的安全性に効くさまざまなツボ

　このように、実はコミュニケーションのノウハウ以外にもさまざまなことが、心理的安全性を高めることに効果があります。手のツボを押すと、内臓の健康が改善するようなイメージですね。

　サイボウズとスコラ・コンサルトは自らの実践の中でこのように一見心理的安全性と直接関係がなさそうに見えて、実は心理的安全性の構築にとても有効なツボをたくさん見つけてきました。

　チームはみんなでつくるものです。これらのノウハウを参考に、リーダーの方はメンバーの背中を押す役割を、メンバーの方は小さな1歩を踏み出してみることに挑戦してみましょう。

50

車座になってワークをする

難易度 ★☆☆ 　インパクト ★★☆ 　関連項目 15,22,35,38

■ これまででてきたワークを全員でやってみる

　第3章でも第4章でも「得意と苦手を共有しよう」と書いてきました。自分がのびのびと働くためにも、まずはそこからやってみましょう。これまでに紹介した得意と苦手の話を、チーム内でワークショップの時間をとってやってみると、全員で共有できて効率的ですし、ワイワイとした感じでできます。

　リーダーも他のメンバーと同じように「得意なことと苦手なこと」を共有することがポイントです。お互いに「助けて」と言い合えるチーム

やってみよう		苦手なこと1つ（例：優柔不断）
強み・得意なこと・頼りになるところ	弱み・苦手なこと	
		それを助けてくれる強みのタイプは？（例：決断力がある）

●図5-1　ワークシートの例

づくりの１歩として、ぜひ集まってやってみましょう。

■ 位置関係は無意識にも作用する

　こうしてチームで車座になってワークショップをしたり、話し合ったりする場を定期的に設けることは、第２章の冒頭でも説明した「関係の質」を高めるために必要な「場」です。位置による階層を意識させないという「車座」になるというのも１つのポイントです。役職はあくまで「役割」であって、チームとして同じ目標を達成するためにコミュニケーションをフラットにすることがあんぜんチームには必要です。

　日本には上座・下座というような言葉があるように、**空間的、物理的な位置情報は、実はわたしたちの意識・無意識に作用しています。**人と話すときの腕組みや身体の向きなどを気にするのもそのためです。身体的ポジションが人の心理に与える影響というのは非常に大きいものがあります。
　リーダーやメンバーといったタテの関係だけではなく、自分たちは同じ目線を持ったチームでもあるというヨコの関係を物理的にはさみながら、目線を合わせていく場づくりをしていきましょう。

51

プロジェクト終了後に発表会をする

「何を学んだか」を共有しよう

難易度 ★☆☆　インパクト ★★☆　関連項目 32,52

「振り返り」のすすめ

　サイボウズでは、1つの仕事やプロジェクトが終わったときに「振り返り」をします。PDCAサイクルでいうC（Check）の部分ですね。

　効果的な振り返りのしかたについては、書籍もたくさん出ていますが、わたしたちは**KPT法**をよく使います。やってみたことに対して、引き続き続けたいこと（Keep）、改善が必要なところ（Problem）、次チャレンジしたいこと（Try）を箇条書きにして、関係者に共有するやり方です。

　振り返りのよい点は、自らの行動を客観的な視点で見返しができること、それを聞いた人が学びを得られることにあります。それにより、次に似たようなことを行うときに「あのときああしたからこうしよう」と、共通の認識のもとで対策を打てる点、つまりチームのノウハウがで

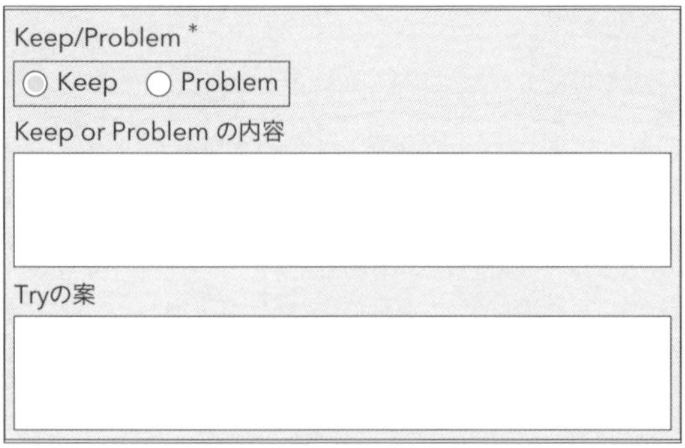

●図5-2　KPT法のテンプレート

きることが大きなメリットです。

　たとえば、あるセミナーを企画して実施したとしましょう。セミナー終了後に、関わった人たちで振り返りを行います。集客について、サイトについて、内容について、全体的な進め方について、アンケートをもとになど、さまざまな視点で振り返って意見を出し合います。

　わたしたちは30分〜１時間で振り返りを行い、記録に残しておきます。ここでの意見は前述の通りすべてチームのノウハウになっていきますし、振り返りを繰り返すことによって、改善活動が継続的になります。振り返りによって、よりよいものを生み出そうとするポジティブなサイクルをチームにつくることができます。

チーム活動で大事な「学習」

　チームワークの成果の１つに「学習」があります。仕事のすべてを１人でやることは不可能です。だからこそ、メンバーのいろいろな活動を知り、そこから「なるほど！」といった知見を得られることで感じる楽しさがあります。こういったことは、みなさんも経験があるでしょう。

　仕事の面白さとは、こうした学びを通して得られるものでもあります。自分が何を学んだかを共有することは、他の人の学びにもなります。そして共有するために整理することも改めて自分にとっての学びになることも多いです。

　学びが継続的に生まれるチームにしていきましょう。お互いの学びを共有し合えるチームにするために、リーダーは振り返りの習慣や、学びを共有する時間を業務内につくっていきましょう。もちろんメンバーから提案しても大丈夫です！　こうした時間をつくり合うことであんぜんチームになっていきます。

52

定期的な勉強会や 読書会を開催する

経験やノウハウ、新しい学びを共有しよう

| 難易度 ★☆☆ | インパクト ★★★ | 関連項目 30,32,51 |

仕事の学びだけでなく、新しい学びも必要

　サイボウズの社員の約半分はソフトウェア技術者です。技術者の社員は言語やツール、しくみなど新しい技術を知る・学ぶための勉強会を社内外問わず頻繁に開催しています。そういう習慣がある社員が多いので、社内でも常に**勉強会**や**読書会**が業務時間中や業務時間外に開かれています。

　前節で業務の振り返りによる学びについて書きましたが、仕事からの学びに限らず、新たな知識や体系立った知識を得るための学びもわたしたちには必要です。

業務に関係ありそうな書籍を読んで学びを共有する、複数人で本を読む読書会、その分野のテキストなどを元に勉強会をするといったことが挙げられるでしょう。1人で学ぶより複数人で学ぶ楽しさを得ながら、どう活かしていくか議論する。これは十分に「仕事」です。リーダー、メンバーがお互いに仕事を楽しくするためにも、学びの時間をつくっていきましょう。

■ 誰もが見る場所で勉強会をする

サイボウズ社内では、オープンなスペースで勉強会が行われることが多いです。他の社員が自販機に立ち寄りついでに「なにしてるんだろ」と発表を聞いてみたり、チラ見したりなども自由にしています。

実はこうした環境で得られる情報量は多いです。

オープンスペースで勉強会をすることでわかること
・勉強会のやり方、様子がわかる
・誰が話しているかわかる
・何を話しているかわかる
・何が参加社員の興味を引く部分なのかがわかる
・勉強会に対しての拒絶・抵抗感等が無くなる

オープンなところで行うことで、他のチームへの波及効果もありますし、社内の雰囲気づくりにも一役買います。コーヒーなど飲み物やちょっとしたお菓子が準備されていたり、勉強会後に任意での懇親会もセットで行われたりするケースもよく見る光景です。こうした工夫によって、参加のハードルは下がります。

職場の学習支援が社員の満足度を上げるのは明らかです。学びへのよい機会をつくることで、働きやすい環境とあんぜんチームへの1歩を踏み出してみましょう。

53

会議をオープンスペース で実施する

難易度 ★★☆　　インパクト ★★☆　　関連項目 56,64

情報が閉ざされていることが相互の不信感を生む

　チームでミーティングをする際に、他部署の人に声が聞こえないような密閉された部屋に行くのは普通です。しかし、その**ミーティングを他の人にも声が聞こえるようなオープンスペースで実施してみましょう**。

　組織やチームの中で、情報流通がどのようになされているかはとても重要です。できれば、多くの人がさまざまな情報に自由にリーチできて、また質の高い情報が常に組織・チーム内に流れているようにしたいものです。

　逆に情報の量が少なく、内容が統制されていると、メンバーは経営やリーダーに対して不信感を抱くようになります。みなさんの組織では、「情報の質や量の不足」が不信感を生んでいるような現象はないでしょうか。

情報共有が当たり前の社会

　なぜ、情報が重要なのでしょうか。わたしたちは、日常業務に必要な情報は報連相というかたちでやりとりしています。しかし一見、日常業務の遂行とは直接関係がないように見えるさまざまな情報がとても重要なのです。そのような情報のことを「背景情報」といいます。

　このような情報に触れることで、**メンバーの1人ひとりが自分の頭で状況を整理し、問題や課題を発見することができるようになります**。す

さまざまな背景情報の例

・会社や部署全体の動きや方向性などの全体感情報
・意思決定に至る過程がどのようなものであったかというプロセス
　情報
・他チームの状況や悩み、課題などの周辺情報
・決定事項や数値情報だけではない、人の気持ちや想いなどの感情
　情報

ると、「この通達事項は、このようなプロセスで決定されたのだな。だったら、自分の仕事はもっとこう改善しなければ」「この方針には、リーダーのこういう想いが反映されているのだな。自分も同じ思いだから一緒に頑張ろう」という風に思えるようになるのです。変に情報を秘匿することは、むしろ不信感につながります。

　オープンな雰囲気の組織文化を創りだしている会社では、情報もオープンにしていることが多いのです。昔は組織の上層部だけが集中的に情報を握っていることがありました。今はインターネットの発達などによって、みんなが情報を共有していることが当たり前の社会です。その中で情報を統制しすぎることは、不信感につながります。

意図的に情報をオープンにする

多くの人は、意図的に情報をクローズしようとしているわけではありません。相手に直接関係ない情報は伝えないという日頃の習慣によって、流通する背景情報がどんどん少なくなっているだけなのです。

特にリモートワークでは、より背景情報が伝わりにくくなっているでしょう。したがって、相手に知らせることができない情報以外は、原則すべてオープンにする、というように、意図的に情報をオープンにする工夫が必要なのです。

会議をオープンスペースで実施することのメリット

背景情報を相互に伝え合うためには、「雑談」が重要であることは以前に述べました（**06 仕事以外の話をする**）。しかし、それ以外の方法として、会議をオープンスペースなどの周囲に声が聞こえる場所で開催するという手法を紹介します。

会議をオープンスペースで実施というと、「そんな機密情報が多い会議の内容を人に聞かれるなんてとんでもない！」という人がいます。しかし、よくよく精査してみると、実は本当に人に聞かれてはいけない情報というものは、とても少ないのです。人事情報、セキュリティ関連、コンプライアンスに関するもの、守秘義務があるものは、情報の取り扱いに注意が必要ですが、それらの情報以外の議題では、会議をオープンにしてみることで、さまざまな効果があります。

まずは、他チームの人があなたのチームの置かれた状況をとてもリアルに正確に理解します。またメンバーの想い、気持ちを理解してもらうことができ相互に支援し合うような協力関係が生まれます。そして、**情報をオープンにしようとする姿勢そのものが、あなたのチームに対する周囲の信頼感を高めます。**

オープンな会議を行っている組織は意外と多い

　スコラ・コンサルトでは、以前から経営会議をオープンに行っています。話を聴きたい人はいつでも参加できますし、自分で経営メンバーと話したい議題を持ち込んで議論をすることもできます。

　最近では、企業のオフィスもフリースペース・スタイルが増えてきたこともあり、以前よりオープンな会議が実施しやすくなっています。特にオンラインミーティングでは物理的な制約が小さいですので、ミーティングを「参加自由」にすることもできます。

　わたしが知っているある会社では、やはり役員会議をフリースペースのど真ん中で実施していました。社員はフリースペースで自分の仕事をしながら、横目で役員会議を見て、話していることを耳にします。その会社の経営層に対する信頼、方針の浸透度が極めて高かったのは言うまでもありません。

　チームミーティングなどのさまざまな会議をぜひオープンにしてみましょう。

54 互いの仕事を 語り合う時間をつくる

メンバーの仕事をみんなでよくするための話し合いをしよう

難易度 ★★☆　インパクト ★★☆　関連項目 28,55

　チームの中にも役割分担があります。役割分担が決まったあとは、各メンバーが役割に沿って粛々と仕事をしていけばチーム全体の成果が上がるかというと、必ずしもそうではありません。個々の仕事は他のメンバーの仕事と密接に関連しています。自分の仕事がチーム全体に最適なかたちで貢献するためには、「チームの全体感」を常に把握しておく必要があります。

自分の仕事を語り合う場をつくろう

　自分の仕事がチーム全体の成果にとって最適なかたちで貢献できるようにするためには、チームメンバーからフィードバックをもらう場をつくることが効果的です。
　具体的には、まずは自分の仕事の状況や課題について話します。形式的な進捗報告ではなく、次のようなポイントを盛り込むとよいでしょう。

仕事を語り合うときのポイント
①そもそもの仕事の目的や意味
②チーム全体の目標や成果とのつながりの再確認
③現状の共有（うまくいったこと、現状の困りごと、悩み）
④メンバー自身の気持ち（楽しい、つらい等）
⑤他のメンバーからの意見やアドバイスがほしいこと

話を聴いたほかのメンバーは、発表者に対して、語りを聴いた感想や意見などをフィードバックします。特に⑤については、次のような雰囲気で、積極的にフィードバックするとよいでしょう。

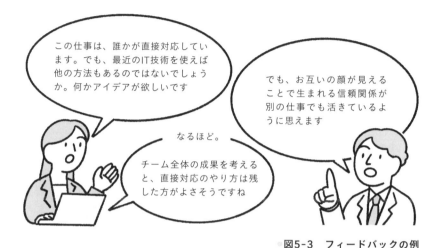

この仕事は、誰かが直接対応しています。でも、最近のIT技術を使えば他の方法もあるのではないでしょうか。何かアイデアが欲しいです

でも、お互いの顔が見えることで生まれる信頼関係が別の仕事でも活きているように思えます

なるほど。

チーム全体の成果を考えると、直接対応のやり方は残した方がよさそうですね

●図5-3　フィードバックの例

　このようなミーティングをたとえば毎月1回定期的に開催してみましょう。ミーティングを実施する効果としては次のようなものがあります。

ミーティングの効果

- ・互いに理解し合い、協力し合おうとチームワークが強くなる
- ・仕事の横連携がよくなり、仕事のスピードが上がる
- ・メンバー同士のボタンの掛け違いが少なくなり、ムダや非効率がなくなる
- ・メンバーの衆知を集めることで、質の高い打ち手を考え、実行できる

　実際に、スコラ・コンサルトでは、「その仕事のそもそもの意味・目的はなに？」と頻繁に聴きあいます。そういう本質的な問いを投げ合う習慣をつくることで、単なる仕事の進捗共有ではなく、一緒に考え、語り合う文化をつくっているのです。

55 どんなチームに なりたいかを話し合う

理想のチームを探り、共通のビジョンをつくろう

難易度 ★☆☆　インパクト ★★★　関連項目 33,49,70

「理想のチーム」を言葉にする

　各関連項目にも書いてある通り「自分の望むものを本音で語る」行為はあんぜんチームの必須項目です。自分の望むものをどう言葉にすればいいのか、なぜ本音が大事なのかはすでに書いてある通りなので、見直しつつ、言語化する時間と共有する時間をつくりましょう。

　メンバーからこうした時間を提案するのもありですが、リーダーからこうした時間を提案するほうがよりやりやすいでしょう。**各自の理想を共有すること、チームの理想をつくることは、チームの必要条件**でもあります。自分たちのチームが、グループではなくチームになるためにもぜひ設けてください。

気合いを入れなくていい

　ここでまとめたものが、未来永劫のチームの理想になるということはありません。とりあえず半年くらいはこういうチームになることを目指して動こうか、というくらいの、**決して重くない程度の塩梅で大丈夫**です。理想のチーム像が、ずっと同じ言葉でメンバー各自の納得感があるものであればよいですが、それは結果論であって、最初から変えられないものをつくろうとしなくてよいです。気合いを入れずに、気楽な感じで、メンバーの出入りがあったとき、仕事内容が少し変わったときなどのタイミングで理想について話す時間を提案してみると自然です。

■ 1つに決めるのではない

理想の出し方として、抽象と具体に分けて話してもらうとわかりやすいです。

理想の例

抽象：助け合えるチームにしたい
具体：困ったとき、わからないときにすぐに聞ける

各自が理想を言い合うと、多少の重なりはあれど、複数の理想が出てくるのは、当たり前のことです。**それらを全員でじっくり聞くのがこの時間の大切なところです。**「チームの理想はこれにしよう！」と無理に1つに決める必要はありません。お互いの望みを知り合う、お互いが求めていることがわかり、ではそうしていこうとなる、それらがチームのグランドルールになればよいのです。これからこういう行動をしていこうね、ということがいくつか決まればそれでよいのです。チームは20名以下のチームを想定しています。それより人数が多い場合は、2回に分けて行うなどという工夫をしながら、全員で求めるものを共有し合うとよいでしょう。

チームの取り組みを情報発信する

やっていることを社内発信していこう

難易度	★☆☆	インパクト	★★☆	関連項目	32,64

■ 「あの人（あの部署）は何をやっているの?」をつくらない

「あの人何やっているの?」という質問がチーム内から重ねて出てきたら、それは役割分担が明確でなかったり、情報共有ができていなかったりする証拠です。関連項目を確認しながら、互いのTo doを共有していきましょう。

これと同じように、もう少し大きな範囲で、「あの部署は何をやっているの?」も避けたい質問です。仕事を進めていくにあたり、各部署と協力しながら進める、各部署の動きを踏まえて提案するといった全体的な視点は仕事をするうえで必要です。

どの部署であれ、**自分たちが何をやっているのかを社内のポータルなどで発信してみましょう**。サイボウズでは、営業、開発、カスタマーサポート、人事、経理、法務など各部署が隔週や月に1回など、それぞれのペースで全社員に何かしらの発信しています。全社員に対して、締め切りやアンケート依頼のお知らせだけでなく、「こんなことをやっている」「最近こんな相談が多い」「嬉しかった言葉や出来事」など、内容もさまざまに発信しています。部署だけでなく、プロジェクト単位でも行っています。一社員として読んでいて、「なるほどなあ」「そういうことがあるのか!」といった豆知識や中の人の様子、「へえ、こうしたことをやっているんだなあ」といった活動の様子を知ることができます。すると、社内で会ったときにも、相手に声をかけやすくなるなどいろいろなよい影響があります。

林田 正
75inch 電子ホワイトボード会議室　を導入しました

人事異動（2015.4〜）

情シスニュース

カスタマーリレーション部からのお知らせ

開発本部からのお知らせ

人事本部からのお知らせ

なんでも掲示

誕生日会

上海からのお知らせ

すこやか

【仕事Bar】開催予告・報告

○Web会議しながらホワイトボードを使いたい場合
1) 前述のWeb会議の手順にて接続する

■ **図5-4　情報発信の様子**

■ 書き方はカジュアルでカラフルに、続けやすく

このとき、どのようなテイストで発信するかが大切です。議事録のような真面目な書き方だと、誰も見向きもしません。すでにこうした活動をされている企業だと「発信してもなかなか見てもらえない」といった悩みも出てきます。写真を使う、文字の色や大きさを工夫するといった「見られる工夫」は必要です。

こうした活動は**「社内広報」**ともいわれます。チーム内の得意なメンバー、興味あるメンバーにやってもらうのがよいでしょう。こうしたことをどの部署もしていないなら、勇気を出してファーストペンギンになって、あなたの部署やチームからやってみましょう。「あの書き込み（情報発信）、いいね！」と思う人が出てきて、他のチームに広がったら大成功です。

チームからの情報発信は、1回だけでなく継続的に行いましょう。細かく知ってもらうというよりは、「いろいろやってるよね」と思われるくらいでよいのです。**あの部署のことを知りたいな、というときに、見に行けばよい場所がわかるだけで、十分に認知されている証拠です。**

特に社員数が多い企業では、そこまで存在感を出すのも難しいというのが現状です。その場合は全社というより本部内や拠点内などといった範囲で考えてみると手がつけやすくなります。社内の情報発信の活性化は、風通しのよい環境づくりにつながります。

57 モヤモヤしていることを 話す場をつくる

時には未整理な思いを語り合おう

難易度 ★☆☆ インパクト ★★★ 関連項目 55,61,69

■ 言いにくいことの「言い方」を学ぶ

これまで解説してきたように、あんぜんチームとは、言いにくいことを言い合える関係性のことをいいます。言い合える関係性になるには共通の目指すものが必要です。それがないと言いにくいことを言う必要も、あんぜんチームになる必要もありません。だから本書では頻繁に「理想が大事」と書いてきています。

もしかすると、あなたは「どのようにそういう雰囲気をつくればいいのか」「とはいえ言いにくいときがあるときはどうするのか」と思っているかもしれません。そういった疑問は、出てきて当然でしょう。

そして、**「言いにくいことを言い合える状態」がどういうものなのかは、実は体感しないとわからない**ものでもあります。実際に言いにくいことを言ったときのスッキリ感や、話しにくかったことを聞いてもらったときの嬉しい感情を実感することが大事なのです。

ここでは、サイボウズの社内で行っており、かつわたしたちが多くの企業の支援をする中で行うワークを紹介します。その名も「モヤモヤ共有ワーク」です。このワークは、言いにくいことを言い合うとどうなるのかを体感し、その良さだけでなく、影響や言い方を含めて学ぶことができるものです。やり方は難しくなく、事前に図5-5のアンケートに回答してもらい、ワークの場でお互いに自分の書いたことを共有し合う、ただそれだけです。

問題意識（モヤモヤしていること）を1行で記載してください

記載した問題意識（モヤモヤ）のスタンスを教えてください
　　□ とりあえず聞いてほしい
　　□ 意見・アドバイスが欲しい
　　□ できれば解決したい
　　□ その他（自由記述）

問題意識（モヤモヤすること）について、自由に想いを書いてください

●図5-5　モヤモヤ共有ワークのワークシート

　ポイントは「モヤモヤのスタンス」を明確にする点です。わたしたち
は「あれ？」とか「え？」と思ったことを別にすべて解決したいわけで
はないのです。「ただ聞いてほしい」「他の人がどう思うか聞きたい」
「解決したい」など、それぞれのモヤモヤがあります。それを明確にす
るだけで多少スッキリすることもあります。
　具体的に出てきたモヤモヤとして、下記のようなものがありました。

実際に出てきたモヤモヤの例

・困ったときに誰に相談すればいいかわからない
・コミュニケーションの波に乗れないときがある
・自分の会社の強みを言えない
・自分の意見を通したいが、レビューが多すぎて萎える
・言っていることとやっていることが違う人がいる

　ワークについて、想像しやすくなってきたと思います。これらは、ど
の組織にいても感じそうなモヤモヤです。共感した方も多いのではない

でしょうか。

■ モヤモヤをほったらかしにしない

　職場に限らず、人間はモヤモヤした感情が溜まるとストレスを感じます。それにより、攻撃的になったり、消沈したりするなど、人それぞれの症状が出てきます。毎日の生活の中で、モヤモヤした思いを溜めないことが大事なのは明白です。

　あんぜんチームになるためにはもちろん、そもそも職場で気持ちよく働くために、モヤモヤを溜めないことは必要です。そうしたしくみの１つがこのモヤモヤ共有ワークなのです。

モヤモヤ共有ワークの効果
- モヤモヤのスタンスを明確にすることで自分の頭が整理できた
- モヤモヤのスタンスがあるから言いやすかった
- 他の人のモヤモヤを聞いて共感した
- 悩んでいたのは自分だけではないとわかった
- 立場や部署は違えども共通する悩みだとわかった
- 他の人の悩みを聞くことで、まだ自分が知らないことがあるとわかった
- 人のモヤモヤを聞いているうちに、自分がどうすればいいかわかった

　大事なのは、**その場ですべて解決しようとしないこと**です。解決できたものが１つくらいあれば御の字と思ってください。わたしたちはすぐに「解決しなければ」と思う癖がついていますが、人のモヤモヤはそんな簡単に解決できるものではありません。そうしたスタンスで、まずはお互いのモヤモヤを聞き合うことに集中するのです。

　定期的にモヤモヤ共有ワークを行うことで、実は言いにくかったこと、忘れていたけどあのときモヤモヤしていたことなどを共有でき、お

互いスッキリして次に進むことができます。また、自分のモヤモヤが、他の人のモヤモヤと同じだったり、他の人のモヤモヤに「そうそう！」と共感したりなど「想いの共有」ができること、そういう場をともにすることで、わたしたちはそれぞれ学びを得ます。

　普段わたしたちはどうしても目先の業務に追われやすく、その進捗確認のほうを優先しがちです。しかし、こうした感情を共有する場は、職場において最も重要な場です。**「聞いてほしい」をないがしろにされたくない、それは人間としての当たり前な気持ちです。これを尊重する職場づくり以上に大事なものはありません。**

　モヤモヤ共有ワークは、あくまでモヤモヤを整理し、出しやすくするためのフレームワークです。そして、誰かのモヤモヤに共感する人が多くいたりすると、その場でカイゼンプロジェクトが動いたりします。その動きを周りも支援していきましょう。それぞれの職場で似たような活動があればそれで十分です。ぜひ、自社に合ったかたちで実践してみてください。

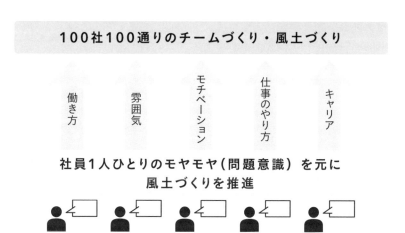

100社100通りのチームづくり・風土づくり

働き方　雰囲気　モチベーション　仕事のやり方　キャリア

社員1人ひとりのモヤモヤ（問題意識）を元に
風土づくりを推進

図5-6　モヤモヤを組織づくりに活かす

「自分の未来」を考える雑談会をする

数年先どうなっていたいか、未来のイメージを共有する

難易度 ★★☆　インパクト ★★☆　関連項目 27,40,70

未来を語ることは、可能性に着目すること

　もし、「あなたは何を目指して、何のためのこの会社で働いているのですか？」と聞かれたら、何と答えますか？　答えにつまってしまう人も多いのではないでしょうか。わたしたちは私生活でも仕事でも、それほど頻繁に未来のことを考えているわけではありません。対処しなければならないたくさんの目の前の問題を抱えているからです。

　目の前の問題は確かに大切です。しかし、今そもそもなぜ、あなたはその問題に対処しているのでしょうか。それはあなたの未来にとって本当に必要なことなのでしょうか。未来を考えることのメリットは、このように自分（たち）にとって本当に大切なことは何かという視点に気づかせてくれることです。また未来を考えることは現状の制約から解放されて、将来に大きく広がっているさまざまな可能性に着目することでもあります。

チームの未来と自分の未来を語る

　チームにとって、目指すものを語り、イメージを共有していくことは重要です。しかし、その前に**チームメンバー1人ひとりが自分自身の未来をしっかりと考えていないといけません。**

　そのための「自分の未来」を語り合うような雑談の場をつくってみましょう。場の中では、各自が数年後〜数十年後の自分のありたい未来を

語ります。

「実は自分はパン屋さんを開業したいと思っているんだ」「離島と2拠点生活をするのが夢なんです」のように、中には面白い意見も出てくると思います。そういう声も丁寧に聴き合っていきましょう。会社の中でのキャリアイメージ、ビジネスパーソンとしての成長などのテーマもよいですが、思い切って「人生の夢」というレベルで話せると、効果が大きいでしょう。まずはあなたから、思い切って自らの夢を語ってみてください（スコラ・コンサルトでは、このような語り合いを「未来ガタリ」と呼んでいます）。

一見、今の仕事と関係がないように思えるこれらの未来像も丁寧に紐解いていくと、これからのビジネスパーソンとしてのレベルアップにつながる接点をたくさん見つけることができます。「パン屋さんを開業するとしたら、財務に強くならないといけないな。財務を勉強しようか」「離島と2拠点生活を送るとしたら、何か強い専門性がないといけないな。プログラミングを勉強しよう」などです。

個人ではこういうことを考えている人も多いでしょう。ここでは、1人で考えるのではなく、上司や同僚、チームに共有することで支援を得やすくなったり、複数の人からの意見をもらって、より自分の未来を具体的にイメージできたりする、といったメリットを重視しています。

未来の夢をチームで語り合い、共有することで、未来の可能性の探求と、現在のチームでの仕事のレベルアップが結びついて、よりよいチームワークと個人のキャリアが実現していくのです。

59 意見の対立や葛藤こそ、よい機会だと伝える

新しいものを生み出すためにチームを導こう

難易度 ★★☆　インパクト ★★☆　関連項目 15,43,49,61

安心して、対立・葛藤ができるチームをつくる

　仕事の中で起こるさまざまな対立や葛藤は、誰しもできれば避けたいと思います。心理的安全性とは、対立や葛藤がないチーム状態だというイメージを持っている人もいるかもしれません。しかし、それは誤解です。

　心理的安全性が高い状態とは、**メンバー同士が安心して反論を含め意見を言い合い、ぶつかることができる**状態なのです。新しい創造的なものは、対立・葛藤の中から生まれてきます。対立・葛藤を避けるのではなく、チームをいかに安心して対立・葛藤できる状態にするかが重要なのです。

安心して葛藤できる信頼関係の大切さ

　葛藤と向き合うことはチームの創造性を高めるために重要です。しかし、葛藤が生じる場からいつも必ず創造的なものが生まれるとは限りません。葛藤や対立から生じる混沌があまりにも大きくなると、チームに亀裂が入り、信頼関係が崩壊してしまうこともあります。対立、葛藤にはこのような危険性があることもよく認識しておく必要があります。

　対立・葛藤の場の中で、チームを崩壊させることなく、創造的な活動

210

を行うためには、やはりチームメンバー同士の相互理解と信頼関係が重要になります。安心して喧嘩ができるほどに、「仲よく」なっておく必要があるのです（ここでいう仲よくは、もちろん波風を立てない馴れ合いの仲良しクラブという意味ではありません）。

　葛藤・対立を活かすことはなかなか難度が高いのですが、本書で紹介しているようなさまざまなアクションを少しずつ積み上げ、葛藤・対立しても大丈夫だというあんぜんチームの基盤をつくっていきましょう。

対立・葛藤の怖さを乗り越えるための工夫

　対立・葛藤は誰にとっても怖いものです。それは人間にとって当たり前の感情です。しかし、あんぜんチームをつくるためには、その「当たり前」を超えていくことが必要です。そして、チームで対立・葛藤への恐れを超えることができたとき、仲間に対するより高い信頼感と、チームの創造的なエネルギーを手に入れることができます。具体的には、次のような手法を試してみるとよいでしょう。

① 「仲よくぶつかり合う」ことをミーティングのルールにする

　対立に至らないのがよい会議だ、という思い込みを持っている人もいます。したがって、会議がはじまるときに、ぶつかり合おうと確認することが効果的です。ぶつかるといっても、相手を攻撃するわけではなく、相手をリスペクトしたうえで、異なる意見や考え方をどんどん出し合うのです。具体的には「仲よくぶつかり合うことを大切にしよう」と、会議の冒頭にみんなでルールとして確認し合いましょう。

　スコラ・コンサルトでは、「仲のよい喧嘩をしよう」を合言葉にしています。端から見ると喧嘩をしているような雰囲気のミーティングもよくあります。しかし、それは目指す目的へ向けて、信頼関係にもとづいた、仲のよい喧嘩なのです。

② 反対意見に感謝する

　ある会社では、反対意見が出なかった場合、意思決定を行わないことにしているそうです。反対意見があるのが当然で、全員賛成という状況

は健全ではないということです。とはいえ、反対意見を言うことは勇気がいります。したがって、あえて反対意見を出してくれた人には、感謝を言うようにしましょう。

「Aさん、反対の意見を言ってくれて、ありがとう。対極の意見が出たので、みんなで、この問題をより掘り下げて考えてみよう」と伝えましょう。

③葛藤とみんなで向き合う

いざ対立・葛藤が起きたときには、みんなで1度立ち止まって、対立・葛藤の正体と向き合いましょう。対立・葛藤は、表面的にはAさんとBさんの対立というように、人の対立に見えます。しかし、本質的にはそれは2つのものの見方、考え方の対立なのです。じっくり立ち止まって、Aさんの意見とBさんの意見をよく吟味してみるとよいでしょう。そうすると、AさんとBさんの意見は深いところではつながっていたとか、2つの意見を統合させることでよりよいCという考え方が生まれた、というような発展があるかもしれません。

④いつもよりたくさん聴き合う

対立・葛藤の場では、ついつい自分と異なる意見を論破したくなります。そして論破することが必ずしも悪いことではないのですが、議論に勝つことだけに夢中になりすぎると、せっかくの対立・葛藤から多くを学ぶことができなくなります。自分の意見にも相手の意見にも一理あるわけですから、こういう場では相手の意見を普段より一層しっかりと、より慎重に聴くことが大切なのです。したがって、ついついディベートになりそうな勢いを抑えて、「まずは、Bさんの意見をしっかり聴こう」という風に、メンバーが傾聴のモードに入れるような働きかけをしましょう。

このように、意見の対立や葛藤を成長につなげて、チームや会社をパワーアップしてきましょう。

①「仲よくぶつかり合う」
ことをミーティングのルールにする

②反対意見に感謝する

③葛藤とみんなで向き合う

④いつもよりたくさん
聴き合う

図5-7　対立・葛藤を乗り越えるためのポイント

　よい雰囲気をつくるためには、第2章で紹介した**02　笑顔で安心感を生む**や**04　まずは「ありがとう」と言う**などが重要です。基本的な「感じのよい」コミュニケーションを心がけましょう。

　また、ぶつかり合っていない周囲の人の対応も重要です。「これは○○ってことですね？」「確かに、長期的な視点で見ると○○さんの意見は重要ですね。反対に、目の前のことを解決するには△△さんの意見も一理ありますね」など、時には潤滑油となるような発言をするとよいでしょう。

60

他部署のメンバーを
交えて雑談する

感謝や意見を部署を越えて伝えよう

難易度 ★☆☆　　インパクト ★★☆　　関連項目 10,21,24,30

■ 他部署交流会の参加のすすめ

社内に、他部署の人と交流する機会をつくる施策やイベントがあれば、1度は参加してみてください。部署を超えたコミュニケーション活性の施策は結構多くの組織で行われています。

こうした活動は、所属するチームや部内の人だけでなく、部署を超えて相談できる人をつくることでのエンゲージメント向上の狙いなどがあります。サイボウズでも、部活動をはじめ、多くの施策・イベントが毎週のように開催されています。

こうした会社の施策に参加する方法のほか、部署を超えたプロジェクトがある場合は、プロジェクト内でランチ会をするといった場合もありますし、いつもお世話になっている部署と「ありがとうおやつ会」の時間を30分ほど設けるなど、**「あえて機会をつくる」行動は、両方にとってよい機会となります。**

個別の関係性の中で、ありがとうや意見を伝えたりするのみで終わっていることが多いことを、あえて他の人を交えたり、部署単位でするなど少し公式的に行うことが、部署を超えて今後も続く良質な関係性の構築につながります。

誰もが見るところで報告する効果

そして、こうした活動を「発信」することが、社内の交流を促進します。他部署交流の会社施策を運営する側の悩みに「なかなか人が集まらない」「いつも同じ人に偏る」「続かない」といった声をよく聞きます。「参加したいけど、その会がどういう感じかわからない」「その場で何をしているのかわからないから不安」といった、参加するためのハードルを下げるためのしくみが必要です。

サイボウズでは、告知のときにカラフルに色を使ったり、写真を使いながら、全体の流れ、参加の温度感（出入り自由など）も含めて社内イントラにて掲示し、終わったあと、どういう雰囲気だったかを、カラフルに写真入りで掲載します。

こうした告知と報告を続けていくことで、「いいね！」「行ってみようかな」という人が増えていきます。

閉じたところで何かが開催されているという風に見せない工夫が大事です。会社施策に限らず、先述のプロジェクトでのランチ会、おやつ会など、「こういうことをしました！」という発信が、他部署との交流を促進するきっかけになっていき、働く楽しさをつくりあげていきます。

本年最後の活動「クリスマス会」を実施しました!!
今年最後の活動、実施しました。
クリスマスということで、去年と同様、ケーキとチキンを入れた以下のメニューでやりました。
※写真ある方、追加で貼ってもらえますでしょうか？

●図5-8　部署をまたいだイベントの発信の例

61

問題提起をしてみる

難易度 ★★★　　インパクト ★★☆　　関連項目 32,49,57,62

■ 問題があることは問題ではない

　現状はさまざまな問題があります。そのこと自体は特に問題ではありません。チームはそれらの問題を着実に解決していくことでよりよい状態をつくりだしていくのです。

　しかし、問題がなかなか解決していかない組織もあります。先日ある会社の人が「この問題って、10年前から言われているなぁ」と嘆いていました。こういう組織で起きていることは、問題を解決する能力が弱いか、そもそも問題が顕在化していないかのどちらかなのです。

■ 問題提起をしよう

　実は、問題が顕在化することを嫌がる会社は少なくありません。問題の存在を薄々感じていても、臭いものには蓋で、あえて見ないようにしているのです。しかし、これでは自分たちがよりよくなる機会を自ら捨てているようなものです。

　そこで、問題提起をするということがとても大切です。問題提起をすることにはリスクが伴うと感じるかもしれません。**問題提起は組織に「ゆらぎ」をもたらします**。現状維持の安定を好む人は「なんでわざわざ波風を立てるんだよ」と反発するかもしれません。しかし、心理的安全性が高いチームは、互いにどんどん問題提起をして、問題解決を進めていきます。その結果、大きな成果や新しいチャレンジを成功させてい

きます。

問題提起をする人を応援する

ポイントは、まず問題提起をすることをネガティブに見ないということをチームで共有することです。リーダーは「チームをよくするために、どんどん問題提起をしてほしい」とメンバーに伝えましょう。さらにはメンバーが主体となった改善のプロジェクトなどを立ち上げるのも効果的です。

そして、問題提起する人があらわれてチームにゆらぎが起きたときに、その人が責められたり、叱られたりしないように、応援しましょう。「Aさんはよくその問題を指摘してくれたと思います。ありがとう。みんなで、この件を真剣に議論したいです」などと言うとよいです。

問題提起ができるチームは、外から見るとしょっちゅう炎上しているようにも見えます（実際に、スコラ・コンサルトやサイボウズの社内ミーティングやメールのやりとりなどは、いい意味で、よく炎上しているかのような雰囲気になります）。しかし、そのゆらぎと熱量の中で、チームはどんどん進化していきます。

そういうダイナミックな進化を支えているのが、恐れなく問題提起ができる心理的安全性が高い環境なのです。

社長が各店舗を訪問し、メッセージを伝える伝統があるが、そうなると社員は売り場やお客様をそっちのけで、社長来店の準備をしてしまう

社員の提案で、社長のメッセージは動画での公開に。より円滑に業務が進むかたちに改善された

●図5-9　問題提起が改善を生む　217

62 あえておせっかいな ことをする

互いに関心のある組織文化をつくろう

難易度 ★★☆　インパクト ★★☆　関連項目 5,24,25,61

■ おせっかいができると、チームは強くなる

あなたのチームは、**互いにおせっかいをする**ことができているでしょうか。おせっかいというと、ネガティブなイメージがあるかもしれません。また、多忙のため、おせっかいをする余裕がないと感じている人も多いかもしれません。しかし、個々がバラバラに動いてはチームのパフォーマンスは高まりません。あえておせっかいをし合うことで、チームワークが高まるのです。

スポーツに例えてみましょう。サッカーでは選手ごとにポジションが決まっており、役割分担に沿って動きます。そしてよいチームでは、自分の役割以外のことに関してもいろいろ意見を言い合っています。つまりおせっかいをし合うわけです。ディフェンダー（守備）が「僕がボールを持ったら、もっとこっち方向に走ってくれないか？」とフォワード（攻撃）に要求する。ゴールキーパーがみんなに「もっと全体的に前進して布陣しよう」と提案するなどです。これが「ゴールにボールが飛んで来たら対処すればいいや」「攻撃のことはフォワードに任せておこう」と、互いに自分の役割にしか関心がなかったらどうでしょう。チームのパフォーマンスは確実に弱くなります。

■ 遠慮は必ずしも美徳ではない

おせっかいをしろといっても、遠慮してしまう人がいます。おせっか

いをされてあからさまに嫌な反応を見せる人もいるでしょう。それでもやはり、おせっかいはチームにとって必要です。

　チームにとって最も危険なのは互いにものを言わなくなり、はては相互に無関心になってしまうことです。小さなことからでよいので、おせっかいの手数を増やしていきましょう。

おせっかいの例

・あいさつに＋αを付け加えてみる
　→「おはようございます。最近どうですか？」
・雑談を仕掛ける
　→「時間のあるときにちょっと雑談でもどう？」
・頼まれた以上のことをやってみる
　→「販売分析をという依頼でしたが、合わせて競合企業についても調べてみました」
・他の担当に提案してみる
　→「チームのためにこうしてみてはどうでしょう？」
・他の担当の仕事を手伝ってみる
　→「○○をやらせてもらえませんか？」

　このような小さなことから、1歩踏み込んだことまで、みんなでおせっかいをし合うことを習慣化することで、おせっかいが当たり前の組織文化が形成されていきます。

「体験入部」のすすめ

　ずっと同じ部署で仕事をするデメリットとして、視野が狭くなりやすい、マンネリ化してくる、変化を嫌がるようになる、不正の温床になるといったことが挙げられます。定期的な異動は、こういったことを避けるためのしくみですね。

　とはいえ、不本意な異動や転勤は逆効果にもなるため、こうしたしくみを見直す組織も増えてきています。サイボウズでは、会社命令の異動や転勤がなく、すべて本人の希望でそれらを行っています。そして、希望する部署で学びたいことが学べるのかを事前に知るには限界があるため、**正式な異動をする前に、その部署のことを知る「体験入部」という制度**があります。

　部活動やサークルの体験入部や、学びごとなどのお試し期間をイメージしてもらえば何となくおわかりになるでしょうか。たとえば、営業部の社員が人事部に体験入部する、といった感じです。

　体験入部の期間に決まりはなく、現在の仕事との塩梅を考えて自分で決められます。だいたい2週間〜3カ月くらいの期間が多いです。このしくみがはじまってから、体験入部が頻繁に行われるようになりました。「今日から1カ月○○さんが体験入部に来られます。会議などに参加していきますのでよろしくお願いします」といったあいさつが、日々いろいろなところで行われています。体験入部なので、体験終了後に実際にその部署に行くかどうかも自分で決めます。兼務にする場合もあれば、

正式異動する場合も、やはり異動しない場合もあり、これもさまざまです。

　このしくみをやってみてわかったことは、体験入部する本人にさまざまな学びが生まれるだけでなく、入部された部署にも多くの学びが生じることです。その部署では当たり前のことが違う部署の人から見るとそうではないことがわかる、より効率的なやり方を提案される、今までのメンバーにはなかった視点を得られる、体験入部した人の部署の知識が増えるなど、部のメンバーにも刺激が生まれ、お互いwin-winになることが多かったのです。

　もちろん、体験入部者にとっても、その部署のしくみがわかる、今まで接点のなかったお客様や外部の方を知ることができるといった、今いる部署では経験できない体験を通してより全社的な視点を得られたり、今いる部署の新たな施策を思いついたりなどさまざまな効果がありました。

■ 全社でなくとも本部内でやってみる

　社内副業といったかたちで、違う部を体験させる制度がある会社も増えてきているようです。まったく違う部をまたぐのはハードルが高い場合は、第1営業部だけど、第3営業部に体験入部するなど、本部内での体験入部なら可能なところもありそうです。

　ただ単に業務量が増えるだけの兼務はNGです。あくまで体験入部、社内副業、お試し期間です。お互いのスキルアップ、モチベーション向上、業務効率化を目的にして、ちょっと違った刺激をチーム内に取り入れる。こうした刺激や楽しさをつくりだす活動を考えてみるのはいかがでしょうか。

●図5-10　体験入部後のパターン3つ

221

64

ほとんどの情報を
オープンにする

多くの情報を公開して、みんなが全体感を持てるようにしよう

難易度 ★★☆　インパクト ★★★　関連項目 32,53,56

情報にはいろいろある

　チームで仕事をするにあたり、メンバー全員が同じ情報を持っていることは必須条件です。また、それをかなえるためにわたしたちは日々会議をしたりしています。人が見る視野は得られる情報によって変わってきます。チームで目標達成をするにあたり、**メンバー全員が同じ視野を持つために情報量を同じにすることは大事なことです。**

　これまでも、チームのことや学びを発信しようと書いてきましたが、これもメンバーで同じ視野を持つための情報共有のやり方です。また、

情報共有されていない状態（例）	情報を共有するメリット
個人プレーが中心で、資料などは**すべて個人PCに保存**	学びが生じる
これまでの提案資料、報告書、見積書が**担当ごとに違うため**履歴がわからない	ムダな作業が発生しない
いろいろな資料を0から作りこんでいる	1人ひとりの仕事レベルが上がる
他部署の資料を見ることができないように**アクセス制限されている**	部を超えた会話が生じる
	他チームの話を聞いて、やる気になる

メンバーの幸福度、生産性の向上につながる

●図5-11　情報共有の状態の比較

222

すでにやっている組織も多いと思いますが、自分のつくった資料なども
チーム内で共有するとよいです。人の資料を見て「なるほどなぁ」とか
「上手だな」と思うことは学びにつながりますし、より協力し合って
やっていきたいという気持ちも生まれます。

　また、他の人の資料が参考になるようなら、0から資料を作りこむ
といったことも減るでしょう。各自の資料はチームのノウハウなので
す。チーム内で資料を共有し合って、ノウハウを溜めていきましょう。

　職場において、いろいろ教えてくれる人のもとに多くの人が集まり、
いろいろな情報が集まるという現象は昔からありました。ましてや今は
SNSの時代で、わたしたちの生活の場は「情報をシェアする」行動にあ
ふれています。「口コミ」も同じですね。情報の正誤は大事ではありま
すが、わたしたちは情報が手に入りやすい環境で生活しています。

情報のシェアが信頼をつくる

　そのため以前と比べて、職場においても「情報をシェアすること」が
求められています。一部の人だけに伝達したり、一部の人たちだけが情
報を持つのではなく、全員が同じ情報を持つように「共有する」ことが
大事です。また、情報を隠そうとする態度は逆に信頼感を損ねる行為に
なりやすいです。「情報を持っている人が偉い」という考え方もありま
したが、それは「情報は手に入りにくいもの」という文化が背景にある
ためです。情報を得ることが容易くなった現代において、あえて情報格
差をつくって権威を示すやり方は、特に若手からの信頼感を失いやすく
なっています。

　正しい情報をシェアする人が信頼されるのは、実はいつの時代も同じ
です。**リーダーは、自分
の知っていることをメン
バーに共有するようにし
ましょう。そしてメン
バーも「この情報がほし
い」と伝えることも大事
です。**

先日の会議の資料が
見たいです

クラウドにアップ
して、みんなが見ら
れるようにして
おくね

65

新規入社の人とは
2時間雑談をする

コロナ禍での新規メンバーとリーダーの悩み

　リモートワークが普及して、多くのチームが悩んでいることの1つに、新しいメンバーの迎え入れがあります。既存のチームは、チームビルディングもできており、リモート下でもそれなりにコミュニケーションがとれるのですが、**新規メンバー**（新入社員や中途入社メンバー、異動でチームに加わったメンバーなど）**は、そもそも関係性がないところからのスタートなので、とかくコミュニケーションがギクシャクしがちです。**

　コロナ禍では次のようなリーダーの悩みをよく耳にしました。

コロナ禍でよく耳にしたリーダーの悩み

・「いつもうちの部署は、新規入社があると飲み会で、一気に打ち解けるんだけれど、コロナ禍で歓迎会もできずに、入社から半年経ったけれどまだよく互いの人となりがわからないんですよ」
・「新しく異動した部署のメンバーとまだ1度もリアルに会っていないんです。仕事はそれなりにやっていますが、深いところでコミュニケーションがとれているかというと不安です」

チームへのランディング（着陸）の大切さ

　実はコロナ禍下で入社した多くのメンバーは、仕事に関しては、それ

ほど問題を感じていないケースが多いのです。リモートでも業務の指示
や報連相はリーダーが行っており、問題があれば対処を行っています。
仕事へのランディング（着陸）は比較的順調なのです。

　その一方で、メンバー同士で相互理解と信頼関係を築いて、チームの
一員として加入するというチームへのランディングはうまくいっていな
いケースが多いのです。仕事とチーム、両方がしっかりとランディング
できることが大切です。

■　互いの「人となり」を知り合うことの絶大な効果

　こういうときは、思い切って、**互いの人となりを知り合うための話し
合いの時間を設けてみましょう。** 実は互いの人となりを知り合うことに
は大きな効果があります。

　19　メンバーの人生の転機を聞いてみるで「ジブンガタリ」という手
法を紹介しましたが、スコラ・コンサルトでは、新たなメンバーが入社
するたびに、必ず全員（約40名）と面談をする「全員面談」を実施して
います。最低でも2時間はとって、数カ月くらいかけて、すべての社
員とジブンガタリを通して、互いの人となりを知り合います。スコラ・
コンサルトでは、コロナ禍でも新規入社のメンバーがいたのですが、こ
のような取り組み手法によって、チームビルディングが特に問題なく進
んでいます。2時間は難しいという場合は1時間でもよいですし、ラ
ンチを一緒に行くなど、さまざまな工夫もできます。

66 規範から逸脱した人を ほめてみる

チームの規範を問い直しみんなで進化させていこう

| 難易度 | ★★★ | インパクト | ★★☆ | 関連項目 | 13,31,46,67 |

■ チームをしばる「暗黙の規範」

どのようなチーム（組織）にもメンバーが守るべきとされている規範があります。その多くは言語化されていなかったり、メンバー自身が無自覚であったりすることが多いのです。そのような規範を**「暗黙の規範」**と呼びます。そして、暗黙の規範は、チーム、組織、会社によって実にさまざまです。ある会社でよいとされていることが、他の会社では悪いとされることも珍しくありません。

暗黙の規範の例

- ・行儀よくしなければならない
- ・上司より先に発言しないなど、上司を立てる
- ・席順へのこだわり
- ・○○のことについては触れてはいけない
- ・資料をたくさん用意する
- ・飲み会には参加するもの
- ・失敗は責められるもの

暗黙の規範の中には、合理的でよく機能しているものもありますが、不条理でチームのパフォーマンスを下げているものもたくさんあります。チームや組織は長年のうちにさまざまな習慣が蓄積していき、それ

が合理的か、役に立っているかという観点で検証されることもなく、長年順守してきたからという理由で大切にされていることも多いのです。暗黙の規範のしばりが強すぎるチームは、メンバーが「やってはいけないこと（リスク）」を恐れる気持ちが強くなり、心理的安全性は低下します。

■ 安心して規範を逸脱できるチームをつくろう

一方で、**規範から逸脱する言動に対して、そのことを否定せずに受け入れる**ことができると、チームの心理的安全性は大きく高まります。メンバーが規範を逸脱するような言動をしたときは、あんぜんチームづくりの絶好のチャンスなのです。

たとえば、新入社員が「席の座り方とか、どうでもよくないですか？」と無邪気な発言をして場が凍った場面を想定してみましょう。「何を言っているんだ！　ビジネスマナーをきちんと学んだのか？　新人だからといって情けないぞ」という風に否定せず、逆にほめてみてはどうでしょう。「なるほど、そういう風に考えたことはなかったな。鋭い意見をありがとう。これまで無自覚に席次を大事だと思ってきたけれど、そもそも席次を定める意味や目的をみんなで考えてみないか。今後必要かどうかも含めて」という風に。

このような反応ができるとメンバーは、「あ、規範を逸脱するような発言をしてもいいんだ」という安心感を肌感覚で実感します。この安心感の実体験の量を増やしていくことが、あんぜんチームをつくるためには重要です。場が凍るような発言はチームにゆらぎをもたらします。

通常、わたしたちはゆらぎを避けようとしがちです。しかし、ゆらぎのないチーム（組織）は過度の安定に陥ってしまい、進化が起きず停滞しがちです。**メンバーが「わたしの言動でチームがゆらいでも大丈夫なんだ」ということを実感できれば、規範を逸脱することを恐れずに、本質的な観点からの意見や提案がチーム内に飛び交うようになります。**

なお、ここで言っている暗黙の規範からの逸脱は、無断欠勤やハラスメントなど、働く上での最低限のルールを破ることではもちろんありません。そうではなく、チームの目的や成果を実現するうえで、本質的な観点から考えて「もっとこうした方がいい」と思うことが、チームの暗

黙の規範に阻まれて発言できないようなときに、あえて規範を逸脱して発言してみるということを言っています。

■ メンバーも自ら暗黙の規範を少し超えてみよう

リーダーとしては、暗黙の規範を逸脱する言動があった場合に、まずは受け入れて感謝を伝えるということが大切ですが、同時にメンバー側でも規範の範囲内で考える、発言するということにとどまるのではなく、積極的に規範を超えるような言動を増やしていきましょう。

規範を超える言動の例

- 「チームの生産性を高めるという目的のために1つ提案させてください。この会議のために準備する資料が多すぎるのではないかと思います。ほとんどの資料は使われませんし、もし何か踏み込んだ質問があったときは、その場で少し時間をもらって調べるということでもよいのではないでしょうか」
- 「会議にはリアルでの参加が求められているような雰囲気があると思うのですが、リアル実施が効果が高い内容と、オンライン実施でも効果が変わらない内容を分けて、オンライン会議を併用していくのはどうでしょうか」

このようにリーダーとメンバーの両方から、暗黙の規範について、みんなで問い直していくことが、心理的安全性が高いチームづくりにつながります。

■ 「そうはいっても、やはり大事にしよう」もあり

暗黙の規範の中には一見不合理に見えるものの、よくよく考えてみると実は意味があるものもあると思います。先ほどの席次についての新入社員の爆弾発言など、一見もっともですが、たとえば業界全体にいまだに古風な雰囲気が残っていて、自分の会社だけ席次を気にしない風土に

した場合、対外的に支障が出るというケースはどうでしょうか。この場合、やはり席次についてはこれまでの慣習を守ろうという判断があってもよいのでしょう。

大切なことは、そういうことをオープンに話し合えるかどうかなのです。暗黙の規範が暗黙のままであると、そもそも話し合うことができません。暗黙の規範を破る人があらわれたときは、その規範について改めて議論をする絶好の機会なのです。

メンバーとして、暗黙の規範に触れることはとても勇気がいります。そういうときは、自分は勇気を出して発言しているのだということを伝えてみましょう。たとえば、「この論点に触れることには、わたし自身、抵抗感や怖さもあるのですが、チームの目的の実現のために、あえてお話ししたいと思います」というように発言してみるとよいでしょう。

メンバーが暗黙の規範を逸脱して「ゆらぎ」が起こると、組織内であたかも「炎上」のような反応が起こることもあるでしょう。このような反応は実は組織の進化に必要なものです。炎上をきっかけに、これまでの常識や仕事のしかたに対して見直しを入れ、メンバー同士で「本当はどうしたいのか」「どうありたいのか」を真剣に議論しましょう。実はスコラ・コンサルトやサイボウズも、良い意味でしばしば炎上が起こる文化を持っています。これは逆に言うと、暗黙の規範を折に触れて意識化して、問い直す文化を大切にしているということなのです。

もっとこうしたほうが
よいと思います！

いいね！

67

新しいチャレンジを
応援し、やり続けてみる

反対勢力に屈しないチーム力をつくる

難易度 ★★☆　インパクト ★★☆　関連項目 26,66

しぼんでいくチャレンジ精神

　最近ではたいていどんな組織でも「新しいことへのチャレンジ」を掲げています。しかし、実際に新しいチャレンジが実を結ぶことは実はそれほど多くありません。チャレンジテーマが間違っていたのでしょうか。それともチャレンジする人材の選定が悪かったのでしょうか。そういうこともあるかもしれませんが、多くの場合、「成果がでるまでやり続けられなかった」ことで、立ち消えてしまうことが多いのです。

　ここには心理的安全性という条件が大きく作用しています。新しいチャレンジは、とかく風当たりが強いものです。「いつまでムダなことをやっているんだ」「既存業務が大変だというのに、新しいことなんて」などという声が方々から聞こえてきます。**心理的安全性が低い組織では、これらの反対意見に抗いながらチャレンジを続けることはとても大きな危険が伴うように感じられ、ついついチャレンジを継続する意欲を失いやすい**のです。

心理的安全性が高い組織では挑戦者が孤立しない

　逆に心理的安全性が高い組織では、次のように言うことができます。「確かにまだ成果は上げていません。しかし、わたしはこのチャレンジテーマが会社の将来にとって必要だと考えていますので、継続して取り組む覚悟です」と。そして、こういう挑戦者を孤立させないようなチー

ムのサポートがあるのです。

挑戦者へのサポートの例

・挑戦者に対して日常的に声をかける、励ます

→「応援しているよ。頑張ってね（一緒に頑張ろうね）」

・挑戦者が困っていることに手を貸す

→「○○だったら、わたしにもサポートができるから、声をかけて
　ね」

・挑戦者を代弁して、反対勢力を説得する

→「わたしも○○さんの挑戦は大切だと思います。やり遂げるとこ
　ろまで応援してほしいです」

もちろん、結果が出ないままにいつまでもやり続けるわけではありま
せんが、ある程度チャレンジを完遂しない限り、そもそもチャレンジ
テーマが正しかったのか間違っていたのかを検証・判断することすらで
きません。失敗から学ぶこともできずに、何となく気づいたら終わって
いた、ということではチームの能力も高まりません。**チャレンジをやり
通して、失敗だとわかったら撤退すればよいのです。**そのためには、
「頑張ってやり続けよう」というチーム内での励ましと声かけが必要で
す。

68

「事実」に注目して話す

不必要な謙遜や忖度が生じない「伝え方」をしよう

難易度 ★★☆　インパクト ★★☆　関連項目 48,70

■ 問題の伝え方

　議論をするときに、互いの認識が違っていて噛み合わないということはよくあります。噛み合わないと感情的になりやすくなるので、議論ではなく喧嘩のような感じになり、あまりいいことはありません。サイボウズでもそういったことが所々で起こり、大変だった時期がありました。当然こうしたやりとりは建設的ではないし、当初話していた内容の解決にもならないので、「言葉の定義」を定めて、そのフレームワークに沿った議論を行うようになりました。

　問題とは「理想と現実のギャップ」です。問題がある＝こうなりたいという「理想」があり、「現実」があり、そこに差があるということです。身近な例で言えば、「クレームが少ない状態にしたい」が、今は「クレームが多い」ので問題だ、ということです。

　このように、**問題を伝えるときは、理想と現実の両方を伝えると伝わりやすい**です。わたしたちは「問題がある」というと、悪いことがあるように解釈してしまいがちですが、この定義に沿って言えば、「目指したいものがあ

理想　問題　現実

232

る」という風に捉えることもできます。

事実を明確にすると感情的になりにくい

　先ほどの「クレームが多い」問題をもう少し分解してみましょう。問題を明瞭にするために「事実」と「解釈」に分けるという方法があります。多い・少ないという表現は、人によって感覚が異なります。「解釈」でやりとりをすると相手と認識を合わせられない場合が多いので、「事実」を確認します。

　クレームが多いという問題に対して、実際にクレームが何件来ていることを多いと思っているのか、数値を出してみます。そして、それが何件になったら少ないと思うのか、これも数値を置いてみます。図5-12のように「事実」を共有すると問題がより伝わりやすくなります。

	解釈	事実
理想	クレームが少ない	クレームが5件／月
現実	クレームが多い	クレームが50件／月

事実を共有することで、問題が具体的になる

● 図5-12　事実の確認が重要

　実際の現場で起こる問題は、クレームの例のように明確に数値化できるものは少ないです。ただし**「問題だな」と思っていることに対して、「現実」に焦点を当てるのではなく、何を目指すにあたって現実が追い付いていないのかと「理想」に焦点を当てると、愚痴ではなく前向きな話になりやすくなります。**サイボウズ内では、この話し方を日常的に使って問題の共有をし、解決策をチームで考えています。

　言いたいことを言えるとは、自分の中で整理できているということでもあります。問題を「理想」と「現実」に分けて伝える。さらには「事実」で伝える、といった方法で、あなた自身の思うことを言葉にしていきましょう。これはリーダー、メンバー関係なくできることです。

69

フラットな関係を目指して、隠れた上下関係を顕在化させる

強すぎるランクを意識化して、言語化しよう

難易度 ★★★　インパクト ★★☆　関連項目 3,35,43,57

■ フラットな関係の重要性

　チームワークにおいて、**「フラットな関係性」** を構築して維持することがとても重要です。本来チームという"システム"は、１人ひとりが尊重され、互いの関係がフラットであるからこそ機能するものなのです。しかし、現実の人間関係はとても複雑で、無意識のうちに他のメンバーに引け目を感じたり、自分でも気づかない上下関係のしがらみにはまってしまうというようなことが起きます。

フラットな関係が崩れることの大きなデメリット

・上下関係の中で、「上の人の言うことに従っていればよい」と考えることからくる主体性、エネルギーの減退
・「判断したのは上の人だから」という他責思考の蔓延
・「他の誰かが考えるだろう」という当事者意識と思考力の低下
・「上の人に意見を言うのはリスクが大きい」という心理的安全性の低下

■ さまざまなタイプの上下関係＝ランク

　チームにおける上下関係のことを心理学用語で **「ランク」** といいます。多くの場合、わたしたちはランクに関して無意識です。そして、ラ

ンクにはいくつかのタイプがあります。フラットな関係を構築・維持するためには、このようなランクについて理解しておく必要があります。

ランクが生まれやすいケース

- 上司と部下、リーダーとメンバーなど役割の違いがある
  「上司の意見は、他のメンバーよりも重んじられて当然だ」
- 専門性が高い／低いなど（ITスキル、法律知識、その他さまざまな専門分野）
  「マーケティング分野で無知なわたしが意見を言うなんておこがましい」
- 経験の差（古くからのメンバー／新規メンバーなど）
  「このチームのこれまでの経緯を知らないから、下手なことは発言できないな」

地位や立場に関するランク	・社会的な地位の高さ／低さ（社長、部長、一般社員など） ・チームに在籍している期間が長い／短い（ベテラン／新人など） ・年齢やキャリア（年配／若年など）
専門性やスキルの卓越性に関するランク	・ある分野における専門性の有無 ・仕事ができる／できない、など
心理的なランク	・自分自身に自信を持っている／自信がない ・対人関係能力が高い／低い ・マジョリティ／マイノリティ

● 図5-13　ビジネス組織におけるよくあるランクの例

　このようなランクは誰しも日々感じながら生きているのではないでしょうか。そして、かすかな違和感を持ちながらも、それを当然のことと自分に言い聞かせているかもしれません。「IT分野に強いAさんの意見が当然正しいだろう。実は自分は素人の立場からいろいろと意見や考えがあるのだが、それは言わないほうがよいだろう」という風に。

　フラットな関係性をつくるための効果的な方法は、このような違和感を意識して、あえて発言してみることです。意識化するための手がかりは、「かすかな違和感」を無視しないことです。そのためには日頃から

自分が感じる違和感に対してしっかりアンテナを立てておくことが大切です。何かモヤモヤする、スッキリしない、自分に言い聞かせている、心がざわつく、このような感情に気づくようになりましょう。

■ ランクを言葉にして共有する

そして、**意識化されたランクを言語化して、チームのメンバーに伝えましょう**。ランクの言語化と共有はとても勇気がいるかもしれませんが、効果は絶大です。心理的安全性が大きく高まります。

たとえば、次のように言ったとします。

「わたしはマーケティングに関して素人です。専門家であるAさんに対して意見を言うことに気後れしている自分に気が付きました」

すると、Aさんは、意外にも次のように返すかもしれません。

「わたしはマーケティングの専門家ですが、実は専門家であるからこその思い込みがあるのではないかと不安でした。専門外の立場からの意見がほしいのです。ぜひ意見を聴かせてください」

チームの中では、各メンバーの強みや弱み、専門性はさまざまです。そういう違いからランクが生まれたら、それを意識化して共有することを習慣にしましょう。

なお、ランクを完全になくしてしまうことはできません。大切なことは、いつもそれをしっかりと意識しておくことです。自分がランクが高いと思ったら、相手の意見をいつもよりたくさん引き出そうと努力する。ランクが低いと感じたら、思い切って発言してみる、など、**1人ひとりのメンバーがフラットな関係性の構築と維持のために自分なりのアクションを起こす**ことがあんぜんチームづくりのポイントなのです。

■ 多様性が求められる時代は、ランクへの感度がより重要に

このランクという概念は、多様性が求められる社会の中で、今後ますます重要になってくると思います。これまでの日本企業は比較的同質性が高かったので、ある意味ランクも見えやすかったといえるでしょう。「あの若手はきっと、うちの会社のお堅い文化に戸惑って、ものが言い

にくいのだろうな。わたしも若い時はそうだったから」というように、同質的な組織では、自分の経験から他者のことを推測しやすい側面があります。

しかし、性別、ライフスタイル、国籍、文化、ジェネレーションなど、メンバーのバックグラウンドが多様化した現在では、バックグラウンドが異なる人がどのように感じ、何を壁だと考えているかなど、互いに推測することが難しくなっています。こういう多様化した社会の中では、自分が思ってもみないようなところに、ランクが発生していることが多いのです。

「実は、時短勤務であることに引け目を感じていました」「リモートワークをさせてもらっていて、ありがたいのですが、リアル出社している人に申し訳なくて……」というように思う人もいるかもしれません。このような時代には、ランクに対して、アンテナをしっかりと立てておくことと、それを言語化して共有することがより一層重要になってくるのです。

■ フラットなチームは、民主的で創造的なチーム

ランクを完全になくしてしまうことができないように、完全にフラットな関係性を実現するのは困難です。それでも、少しでもフラットな関係性という理想に近づけていくための努力をし続けることが大切なのです。

実際には、序列がある方が楽という考え方もあります。実は、「偉い人」が決まっている方が、いちいち横で対話などせず、偉い人の考えや意見を推し量って進めればよいので、比較的楽に物事が進むのです。

しかし、上の人に従属するような文化のチームでは、創造性や活力が減退していき、自分で考えることをしない「思考停止」の状態に陥ってしまいます。大変だけれども、あえてフラットな関係性を目指すのは、メンバー1人ひとりが本当に尊重される民主的な文化をつくり、対話を通して、チームで新しい価値を創造していくことを促進するためなのです。

70 会社の未来を語る場を つくる

わたしたちの理想の姿を考え、ありたい姿をつくろう

| 難易度 | ★★★ | インパクト | ★★★ | 関連項目 | 28,55,58 |

■ 会社やチームの"未来"についての話をしよう

　多くの会社では、月次計画や年度の計画について、しっかりと話し合って共有しています。また、3カ年の中期経営計画などについても話すことがあるかもしれません。しかし、たとえば5年、さらには10年先のビジョンや夢についてはどれくらい話し合っているでしょうか。10年先というと、テクノロジーの進歩や社会の変化が予想できないくらいに大きく、厳密に未来を予測することは困難です。それでも、そんな「未来」について、わたしたちがどのような希望を持っているか、どうなったらよいと思っているのかについて話し合うことは、チームの心理的安全性を大きく高めます。

■ 先が見えないという不安

　最近「会社の（部署の）将来が見えないので不安です」という声をよく聞きます。また経営者と話していても「社員に夢のあるビジョンを示せないんです」という声を聞きます。しかし、**必ずしも明るい、夢のあるビジョンでなくてもよい**のです。たとえ困難な状況下でも未来のイメー

ジを共有するということには大きな効果があります。

　「この事業の当面の見通しは明るくない。環境はますます厳しくなるだろう。しかし、難しい課題に挑むことをみんなと一緒に楽しみたい。わたしたちの"ありたい姿"についてみんなで話してみよう」と、こんな風に伝えてみてはいかがでしょうか。

■ 「ありたい姿」を考える

　わたしたちはよく「あるべき姿」という言葉を使います。しかし「べき」という言葉には、「誰かが決めて、わたしたちに押し付けられている正解や基準」というニュアンスが含まれています。チームで未来を考えるときには、「ありたい姿」という言葉を使うとよいでしょう。

　たとえば、3週間に1度、2時間程度のミーティングを実施し、メンバー1人ひとりが考える会社やチームの「ありたい姿」を共有し合います。1人ひとりの考えをしっかりと聴き合い、なんでそう思うのか、個人の想いや夢も共有します。必ずしも答えを出す必要はありません。その時々でメンバーが未来について考えて語ることを習慣化することで、チームのマインドが未来志向になり、日々の仕事やルーチンへの取り組み方も変わってきます。営業の人だったら数年後の受注の目標、新人だったらいつまでにどのように成長して、どんなチームで働きたいかなどを語るかもしれません。それぞれが想像する未来を聞いて、前向きな会社の姿を想像してみましょう。

今は親会社から100%仕事を受注しています。10年後には、一般市場のお客様からの仕事を50%くらいは受注したいです

おわりに

■ 「言った者負け」の風土にサヨナラしよう

　ここまで読んでいただきありがとうございました。本書では、あんぜんチームをつくるためにできることを70個紹介しました。1つでも「これいいな」「やってみようかな」と思えるものがあったなら、とても嬉しいです。

　なぜわたしたちは、なかなか「言いたいことを言えない」のでしょう。それは、多くの組織で「言った者負け」になることが多いからではないでしょうか。

　「言いたいことはたくさんあるけれど、それを言ったところで『じゃあ、あなたがやってね』と自分が担当者や責任者になってしまう」「そもそも今の仕事で手一杯で、さらに大変になるから言いたくない」……。こうした声を、いろいろな場所で多く聞きました。

　わたしも同じような環境にいたら、言いたいことや変えたいことがあっても言わないという選択肢を取ると思います。

　本書では、「得意を活かそう」ということを書いていますが、これも同じです。「〇〇が得意です」と言ったことで、その人の仕事が増えるだけなら、多くの人は「言わない選択肢」を取るでしょう。こうした「何もしない／言わないほうが得」の雰囲気を打破しないことには、チームにすらなれません。

　あんぜんチームをつくるためには、上司やリーダーの役割は大きいです。一方で、気づいてもらうことも部下やメンバー側に必要なアクションです。ここからはじめることになる集団も多くあると思います。「言った者負け」にならないように大事になってくるのが「理想に焦点を当て

240

て話す」ことです（なお、どのように話せばいいかは、**33　チームに期待することを明確にする**、**44　仕事のゴールを共有する**、**55　どんなチームになりたいかを話し合う**、**68　「事実」に注目して話す**で解説しています）。

　目の前の仕事に追われると、さらに仕事が増えることを避けるのは当然の行動です。それを回避するために、目の前の話ではなく、未来の話をすることが大事なのです。相手を批判することではなく、お互いが目指すものを擦り合わせる対話です。成果を出すためには、「いいチームにするために、こういうときは〇〇してくれると、メンバーとして（リーダーとして）△△しやすいです」、といった伝え方になるかもしれません。言った者負けの雰囲気を無くしていくためにも、未来の対話を取り入れていきましょう。それだけでもチームの雰囲気は少し変わってくると思います。

　人事の立場で、この本を読んでいる方もいるでしょう。人事部内をあんぜんチームにするためにという目的もあれば、自社をそうするためにという方もいると思います。本書でもいくつか事例を書いていますが、現場の人たちが動きやすくするための「しくみ」をつくることは、人事という立場だからできることでもあります。また、各所であんぜんチームが増えるためにも、社内のしくみを整えることが不可欠です。自社でできることは何か、考えてみるヒントが本書にあれば嬉しいです。

■　あんぜんチームづくりのポイントは、長い目で、コツコツと

　そもそも人間が本能的に持つ恐れの感情はとても強いので、心理的安全性が高い組織をつくることは、実際には簡単ではありません。そして、一朝一夕にできるものでもありません。焦る必要はないのです。でも、諦めてしまうとそこで終わりです。心理的安全性が高い環境は、

待っていても向こうからやってくることはありません。少々時間がかかっても、試行錯誤の道を経て、自分たちで作っていくしかないのです。そして、自らできることは、探してみると結構あるものです。それは、今すぐにできること、実行までに少し時間が必要なこと、長期的に見たら行えそうなことなど、いろいろな種類があると思います。

　完璧でなくてよいです。またすべてを実践する必要もありません。まずは、ピンときたものから取り組んでみてください。そのあと、新たにやってみたいと思ったものや実践できそうと思ったものも試してみてください。そういったものをコツコツと実践して生まれる行動習慣は、いずれあなたを一生支える唯一無二なスキルとなるでしょう。これは、どんな場所でも発揮される大事なソフトスキルです。

　もちろん本書で紹介した70のノウハウがあんぜんチームをつくる方法のすべてではありません。みなさんが実践して発見した「小さな行動」のノウハウを、ぜひ教えてもらえたら嬉しいです。「#あんぜんチームづくり」を使って、SNSなどでぜひ発信してみてください。本書の感想なども大歓迎です。

　たくさんのノウハウが広く世の中に知られることは、よい会社だけではなく、よい社会をつくることへとつながっていきます。心理的安全性が高く、誰もが安心して活躍できる社会や組織を実現するために、一緒に頑張っていきましょう！

2023年7月
塩見 康史
なかむらアサミ

サイボウズとスコラ・コンサルトが実践する
ワークショップ紹介

　本書の中では、あんぜんチームになるためのワークショップの例を
いくつか紹介してきました。それ以外にも、サイボウズチームワーク
総研（サイボウズ）とスコラ・コンサルトでは、それぞれ社内外で行っ
ているワークショップがあります。概要をご紹介するので、ぜひ参考
にしてください。

■ サイボウズ チームワーク総研

　チームワーク総研で行っているワークショップは、主にチーム内や会社
内でのコミュニケーション改善を図るものが中心です。ここでは、本書の
内容に沿ったものをピックアップして紹介します。

● チームビルディングワークショップ

関連項目：22, 38, 39

　自分の得意と苦手、そしてどういう人に助けて欲しいかを言語化し、
チーム内で共有するワークです。お互いを知る、または役割分担を見直す
際に行い、頼り・頼られる関係性をつくります。ポイントは、「リーダー
がメンバーの強みを見つける」のではなく「メンバー同士で弱みと強みを
伝え合う」ことです。

　他者からよいフィードバックがあると、自分では気付いていなかった強
みに気付くきっかけになります。また、自分のどの強みが、チームに貢献
できているかを知ることができると、感情面での満足感も高まり、モチ
ベーションも向上します。

　ワークを通して、自然と「補い合う」視点が生まれ、チームの信頼関
係、心理的安全性の向上にもつながります。サイボウズでは新入社員研修
ときに必ず行います。また、チームビルディングの機会に各チームで行う
こともあります。

● モチベーションと情報共有

関連項目：41, 44, 64

　モチベーションの構造と、チームで円滑なコミュニケーションを行うための情報共有のコツについて学び、自社の状態を確認するディスカッションを行います。モチベーションについては、やりたい (Will)、できる (Can)、やるべき (Must) を明確にし、できること (Can) を増やすことを学びます。また、モチベーション向上のために「個人の理想」と「組織の理想」の擦り合わせのしかたも学びます。

　情報共有においては、本書内でも記載した「正しい情報をシェアしていく」重要性と、ダイバーシティな組織を形成するにあたっての情報共有の必要性を確認します。それぞれの講義の内容はQRコードから確認できます。ぜひ見てみてください。

モチベーション創造メソッドとは？――「やる気」のセルフコントロール
　　　　　　　　URL：https://teamwork.cybozu.co.jp/blog/
motivation-creation-method.html

成果を出すチームとは（7）――情報共有がチームに求められる２つの理由
　　　　URL：https://teamwork.cybozu.co.jp/blog/team7.html

● 問題解決ワークショップ

関連項目：48, 68

　日々の業務で起こる問題にスムーズに対処するための問題解決のフレームワークを学びます。実際の問題を扱いながら模造紙や付箋を用いてフレームワークを体感し、問題が起きた時の解決への導き方、考え方を習得します。図１のようなワークシートを用意し、付箋を貼って、みんなの考えを共有しながら行います。チーム単位で行ったり、マネージャー研修、若手研修などでも行います。

●図１　ワークシートの例

● もやもやワークショップ

関連項目：55, 57

日々業務をするなかで、心が「もやもや」した経験は、誰もが持っていることでしょう。このもやもやとは、仕事で感じた小さな違和感や困りごとのことです。仕事で起こりがちな感情であるにも関わらず、心にフタをして、忘れるまでやり過ごすことも多くあったりします。

一方でもやもやを放置することは、個人のモチベーション低下や、チームのカイゼン機会を失うことにもつながります。そこでサイボウズではもやもやを共有するワークショップを開発し、社内で随時行うようになりました。

やり方やワークシートは、関連項目にある通りです。社内だけでなく、多くの企業においても実施しています。もやもやを共有することで生まれるメリット（スッキリ感、相互理解、取り組むべき問題の明確化）と、「心理的安全な場」を体感するにあたり好評なワークショップです。

QRコードから、ある企業で実施した事例を確認できます（記事後半）。ぜひ参考にしてみてください。

「仕事を楽しむ」プロフェッショナルを育てるSAC大学
URL：https://teamwork.cybozu.co.jp/report/SAC.html

● わがままカード

関連項目：6, 19, 21, 23, 40

「働く上で自分が大事にしたい価値観」を言語化するためにサイボウズで考案したカードゲームです。お互いが大切にしている想いを気軽に言い合えたら、もっといいチームになることができます。ゲームを通して自分の本音を探り、相手の気持ちを聞いてみましょう。

1枚につき1つの価値観が書かれた96枚のカードから、プレイヤーはそれぞれ5枚の手札を持ちます。自分の番になると、山札からカードを1枚引き、自分の価値観から最も遠いカードを1枚捨てます。捨てる時は理由を添え、参加者に見えるようにオープンに置きます。同じカードが揃うことはないため、メンバーの多様性を確認するにもピッタリのゲームです。わいわいとお互いの理解を深め、チームの力につなげましょう。

使い方の例はQRコードからもご覧いただけます。

チームワークで大切なのはお互いを知ること
　　——「わがままカード」で創る価値観の共有
　URL：https://teamwork.cybozu.co.jp/blog/wagamama-cards.html

●**図2　わがままカード**

■ スコラ・コンサルト

　スコラ・コンサルトで実施しているミーティングやワークショップの概要を紹介します。本書の内容の具体的な実践事例の1つとして、ぜひご一読ください。

● オフサイトミーティング

関連項目：15

　オフサイトミーティングとは、普段の職場を離れて（＝オフサイト）、リラックスできる環境で仲間と本音で真剣に対話する場です。

　目的に応じていくつかのスタイルがあり、どのスタイルにおいても、本音での率直な対話を重視します。そのために互いの話を真剣に聴きあうことが大切なルールです。

　普段の職場環境を離れて（風光明媚な場所、研修施設など）開催すると、より参加者がリラックスできて効果的です。ここでは、3種類のオフサイトミーティングを紹介します。

①交流型オフサイトミーティング

推奨期間：半日～2泊3日程度

推奨人数：1チームあたり8名程度

メンバー間の相互理解と信頼関係を醸成することを目的としたミーティングです。

特徴

- 日常業務から離れて、リラックスした雰囲気で実施・互いの人となりを知り合う「ジブンガタリ（98ページ参照）」が中心テーマ
- 互いの仕事への想いを知り合う「オモイガタリ」、現状の問題意識を聴きあう「モヤモヤガタリ」なども実施する

②目的共有型オフサイトミーティング

推奨期間：半日～1泊2日

推奨人数：1チームあたり8名程度

自分たちの仕事の意味・目的などを語り合うミーティングです。日頃あまり話さない、「そもそも」レベルのテーマをじっくりと話し、会社、部署、チームの大きな方向性に対して腹落ちの度合いを高めます。

特徴

- ミッション・ビジョン・バリュー(MVV) などの上位概念を掘り下げる
- 「私たちの仕事のそもそもの目的は？」など、意味・目的を考える
- MVV の観点から、戦略や中計、年度方針などを捉えなおす

③課題解決型オフサイトミーティング

推奨期間：半日～1泊2日

推奨人数：1チームあたり8名程度

※課題の当事者の参加が必要です

現状の不具合、生産性を高めるための改善など、具体的な課題を解決するためのミーティングです。

特徴

- ・通常の課題解決ミーティングとテーマは似ているが、ミーティングのスタイルは自由闊達なオフサイトスタイルで行なう
- ・「言ってはいけない」ことのハードルを下げ、真の根深い問題を掘り下げて考察する・真の問題を踏まえて、本当に有効な解決策を考える

オフサイトミーティング®
URL：https://www.scholar.co.jp/aboutus/offsite

● 経営層のチームビルディング

関連項目：69, 70

心理的安全性をつくることが最も難しいのは経営層ではないでしょうか。一方で、もし心理的安全性が高い経営チームをつくることができたら、会社にとっての良い影響は計り知れません。

経営層同士の相互不可侵状態を脱し、全社視点で一緒に考えることができる経営チームをつくります。そして、環境変化に対して、部門間、上司部下の壁を越えて、一緒に答えを見出していける柔軟な組織と主体的に考え行動するメンバーを育てます。

①経営トップインタビュー

経営トップとのインタビューで、重要な経営課題についての認識をヒアリングする

②経営層インタビュー

経営層の問題意識をヒアリングし、経営層全体としてどのような問題意識があるのかを構造化する

③経営層オフサイトミーティング

　ジブンガタリによって心理的安全性が高い環境をつくったうえで、重要な経営について本音の対話を実施する。経営メンバーどうしの不可侵条約を超えて、重要な課題についてその解決の方向性についてコンセンサスを形成する

　　　　経営チームビルディング
　　　　URL：https://www.scholar.co.jp/service/id=3887

● ありたい姿ワークショップ

　関連項目：58, 70

　会社やチームの「ありたい姿」を考えます。自社の歴史をひも解き、ルーツやアイデンティティ、強みなどを探ります。たとえば、年表や社史、主力商品・顧客などを振り返り、自社がどのように社会や顧客に対して価値提供してきたか、その本質を把握します。ベテラン社員へのヒアリングを行うとさらに効果的です。

　さらに社会環境や市場に目を向け、事業の死活的に重要な課題を探索します。自社やチームのMVV（ミッション・ビジョン・バリュー）やパーパスなどを言語化し、これからの戦略・組織の方向性を描きます。

　これらの一連のワークを心理的安全性が高い対話の場を通して行うことで、机上の空論ではない、本当にメンバーの想いがこもったありたい姿ができあがってきます。

● マネジメント・ダイアログジム

　関連項目：2, 4, 20, 36, 37

　マネージャーが、自分自身のコミュニケーションスタイルを自覚し、他者との関わり方をより良いものにしていくための様々な考え方の紹介とワークを行います。対話についての4つのフェーズ（安心⇒混沌⇒相互理解⇒共創）を理解することで、対話の進め方のポイントを学びます。

特徴

- ・ストローク理論にもとづいて、自分のコミュニケーションのスタイルを分析し、課題を顕在化させる
- ・共感的主張力をたかめるために、本音の3段階の理論に基づき、主張と探求のバランスの良い対話のし方を学ぶ
- ・相互理解を引き出すマネジメントの質問力を高める

マネジメント・ダイアログ・ジム〜対話の技術〜
URL：https://www.scholar.co.jp/seminar/id=6497

詳細は次のQRコードからでも確認できます。

また、自社で一度やってみたい方は遠慮なく、お問い合わせください。

一緒にあんぜんチームをつくっていきましょう！

・サイボウズ　資料ダウンロードページ

無料オンライン相談も受付中です。そちらは、

右側のQRコードからアクセスしてください。

（左）URL：https://teamwork.cybozu.co.jp/docs/

（右）URL：https://teamwork.cybozu.co.jp/concierge.html

・スコラ・コンサルトお問合せフォーム

心理的安全性、風土改革などのご相談は、右側のQRコード

からアクセスしてください。

URL：https://business.form-mailer.jp/fms/c9f0e8cd181610

・石井 遼介 ［著］（2020）、『心理的安全性のつくりかた』、日本能率協会マネジメントセンター
・青島 未佳 ［著］・山口 裕幸 ［監］（2021）、『リーダーのための心理的安全性ガイドブック』、労務行政
・エイミー・C・エドモンドソン ［著］、野津 智子 ［訳］、村瀬 俊朗 ［解説］（2021）、『恐れのない組織』、英治出版

第1章　「心理的安全性」が働きやすさをつくる

・Google re:Work『「効果的なチームとは何か」を知る』
URL：https://rework.withgoogle.com/jp/guides/understanding-team-effectiveness#introduction
・山口裕幸 ［著］（2008）、『チームワークの心理学　よりよい集団づくりをめざして』、サイエンス社、セレクション社会心理学24
・Hoegl, M. and Gemuenden, H. G. (2001). *Teamwork quality and the success of innovative projects: A heoretical concept and empirical evidence.* Organization Science 12 (4), 435-449.
・Dickinson, T.L., &McIntyre, R.M. (1997). *A conceptual framework for teamwork measurement Psychology Press.*
・M.T.Brannick,E.Salas,&C.Prince(Eds). *Team performance assessment and measurement: Theory,methods,andapplications.* Mahwah, NJ:LawrenceErlbaumAssosiates. 19-43
・サイボウズチームワーク総研 ［著］、青野 慶久 ［監］（2020）、『「わがまま」がチームを強くする。』、朝日新聞出版
・サイボウズ株式会社（2017）、サイボウズ式『人間の五感は「オンライン」だけで相手を信頼しないようにできている――霊長類の第一人者・山極京大総長にチームの起源について聞いてみた』
URL：https://cybozushiki.cybozu.co.jp/articles/m001351.htm
・スコラ・コンサルト 対話普及チーム　刀祢館 ひろみ・若山 修 ［著］（2020年）、『オフサイトミーティング　仕事の価値を高める会議』、同文舘出版

第2章　ひとりではじめる心理的安全性

・岸見 一郎・古賀 史健 ［著］（2013）、『嫌われる勇気 自己啓発の源流「アドラー」の教え』、

ダイヤモンド社

- サイボウズ株式会社（2017）、サイボウズ式『「本当はできるんだから、本気を出せ」は、むしろ本人のやる気をなくさせる──『嫌われる勇気』岸見一郎×サイボウズ 青野慶久』
URL：https://cybozushiki.cybozu.co.jp/articles/m001280.html
- サイボウズ株式会社（2017）、サイボウズ式『「信頼」とは無条件のもの、「信じられない時にあえて信じる」のが信頼──『嫌われる勇気』岸見一郎先生に聞く』
URL：https://cybozushiki.cybozu.co.jp/articles/m001281.html
- 小山舞子 (2021)『職場における呼称と無意識の偏見』Q by Livesense − 株式会社リブセンス
URL：https://q.livesense.co.jp/2021/01/13/188.html
- 株式会社ジェイ・キャスト（2021）、J-CAST ニュース『上司も部下も全員「さん」づけで呼ぼう！運動を進める東レ経営研究所社長の高林和明サンに聞く』
URL：https://www.j-cast.com/kaisha/2021/03/10406815.html?p=all
- 株式会社メディア・ヴァーグ（2022）、オトナンサー『上司の呼び方は「役職名」と「さん」付け、どちらが多い？ 2000 人に聞いてみた』
- 外務省、『世界保健機関憲章』
URL：https://www.mofa.go.jp/mofaj/files/000026609.pdf
- オンラインコミュニケーション協会「オンライン会議に関する実態調査」（2022）
- ベン・ウェイバー［著］、千葉敏生［訳］（2014）、『職場の人間科学』、早川書房
- Elena Rocco(1998). *Trust breaks down in electronic contexts but can be repaired.* Proceedings of the SIGCHI Conference on Human Factors in Computing Systems, 496–502
- プラス株式会社 ファニチャーカンパニー（2022）、プラス『職場の居心地 WEB 調査』
URL：https://kagu.plus.co.jp/blog/web-research
- 杉井 潤子・林 逸歩 (2018)「京都市立小学校における「さんさん付け」呼称の導入実態」─『京都教育大学教育実践研究紀要』第 18 号 ,pp223-232

第 3 章　リーダーとメンバーで一緒につくる心理的安全性 メンバー編

- NHK 特集「社内チャット」（2021）
- サイボウズ株式会社（2022）、THE HYBRID WORK『まるで社内 SNS！「分報」でメンバーの状況をハイブリッドワークでも感じられるようにしよう』

第4章　リーダーとメンバーで一緒につくる心理的安全性 リーダー編

- 堀 公俊［著］（2018）、『ファシリテーション入門＜第2版＞』、日本経済新聞出版、日経文庫
- 竹内義晴［著］（2022）、『Z世代・さとり世代の上司になったら読む本 引っ張ってもついてこない時代の「個性」に寄り添うマネジメント』、翔泳社
- エリン・メイヤー［著］，田岡恵［監］，樋口武志［訳］（2015）『異文化理解力　相手と自分の真意がわかる ビジネスパーソン必須の教養』、英治出版

第5章　みんなでつくる心理的安全性

- 梅崎修ほか（2020）「ノンテリトリアル・オフィスの空間設計と身体作法──流動的再場所化による創造的チームワークの達成」,『日本労働研究雑誌』No.720,pp74-89
- 太田 肇［著］（2022）『何もしないほうが得な日本　社会に広がる「消極的利己主義」の構造』PHP研究所、PHP新書 1331
- サイボウズ チームワーク総研（2023）、サイボウズ式『成果を出すチームとは (1) ──サイボウズが「働きやすい会社」になった背景』
URL：https://teamwork.cybozu.co.jp/blog/team1.html
- サイボウズ チームワーク総研（2023）、サイボウズ式『成果を出すチームとは (4) ──「役割分担」と「情報共有」』
URL：https://teamwork.cybozu.co.jp/blog/team4.html
- アーノルド ミンデル［著］、永沢 哲［監］、青木 聡［訳］（2001）、『紛争の心理学　融合の炎のワーク』、講談社、講談社現代新書 1570

塩見 康史（しおみ・やすし）

株式会社スコラ・コンサルト
プロセスデザイナー

早稲田大学第一文学部卒業後、大手小売業で人事マネージャーを担当。
主に人事制度構築、教育体系構築、企業風土改革などの領域で経験を積む。
2007年に、スコラ・コンサルト入社。
大企業を中心に、企業風土改革、組織開発、戦略アートワークショップなどを中心に
支援実績多数。ビジネスパーソンとしての顔以外に30年以上、クラシック音楽の作
曲家としても活動している。
2017年第28回朝日作曲賞（吹奏楽）受賞。その他、受賞、入選など多数。
芸術分野での創作力の秘訣をビジネスに活かすための方法論の開発と普及をライフ
テーマとしている。
「創造的思考トレーニング」「戦略アートワークショップ」などを得意とする。

なかむら　アサミ

サイボウズ株式会社
チームワーク総研　シニアコンサルタント

法政大学大学院経営学研究科キャリアデザイン学専攻修了。経営学修士。
教育、IT企業で人事を担当し、2006年サイボウズ株式会社に「離職率が高い」とは
知らず入社。
人事、広報、ブランディングを担当し、現在は、小学生から社会人まで幅広い層に
チームワークを教える活動をしている。サイボウズがチームワークと言い始めた当初
から一貫してチームワークに関する活動に携わり、研修実績も多数。青山学院大学社
会情報学部 ワークショップデザイナー育成プログラム26期生。著書（共著）に『「わ
がまま」がチームを強くする。』（朝日新聞出版）『サイボウズ流 テレワークの教科書』
（総合法令出版）がある。

Anzen team!

本書内容に関するお問い合わせについて

このたびは翔泳社の書籍をお買い上げいただき、誠にありがとうございます。弊社では、読者の皆様からのお問い合わせに適切に対応させていただくため、以下のガイドラインへのご協力をお願い致しております。下記項目をお読みいただき、手順に従ってお問い合わせください。

●ご質問される前に

弊社Webサイトの「正誤表」をご参照ください。これまでに判明した正誤や追加情報を掲載しています。

正誤表　https://www.shoeisha.co.jp/book/errata/

●ご質問方法

弊社Webサイトの「刊行物Q&A」をご利用ください。

刊行物Q&A　https://www.shoeisha.co.jp/book/qa/

インターネットをご利用でない場合は、FAXまたは郵便にて、下記"翔泳社 愛読者サービスセンター"までお問い合わせください。
電話でのご質問は、お受けしておりません。

●回答について

回答は、ご質問いただいた手段によってご返事申し上げます。ご質問の内容によっては、回答に数日ないしはそれ以上の期間を要する場合があります。

●ご質問に際してのご注意

本書の対象を越えるもの、記述個所を特定されないもの、また読者固有の環境に起因するご質問等にはお答えできませんので、予めご了承ください。

●郵便物送付先およびFAX番号

送付先住所　　〒160-0006　東京都新宿区舟町5
FAX番号　　　03-5362-3818
宛先　　　　　（株）翔泳社 愛読者サービスセンター

ブックデザイン	沢田幸平（happeace）
カバー・本文イラスト	長野 美里
DTP	明昌堂

わたしからはじまる心理的安全性

リーダーでもメンバーでもできる
「働きやすさ」をつくる方法70

2023 年 8 月 31 日　　初版第 1 刷発行

著者	塩見 康史、なかむら アサミ
発行人	佐々木 幹夫
発行所	株式会社 翔泳社（https://www.shoeisha.co.jp）
印刷・製本	中央精版印刷株式会社

ISBN978-4-7981-8061-8
Printed in Japan